O COTIDIANO
E A HISTÓRIA

AGNES HELLER

O COTIDIANO E A HISTÓRIA

Tradução
Carlos Nelson Coutinho e Leandro Konder

13ª edição

PAZ & TERRA

Rio de Janeiro
2024

Copyright ©Agnes Heller, 1970
Copyright da tradução © Paz e Terra, 2008

Título original em alemão: *Alltag und Geschichte. Zur sozialistischen Gesellschaftslehre*

Direitos de edição da obra em língua portuguesa no Brasil adquiridos pela EDITORA PAZ E TERRA. Todos os direitos reservados. Nenhuma parte desta obra pode ser apropriada e estocada em sistema de bancos de dados ou processo similar, em qualquer forma ou meio, seja eletrônico, de fotocópia, gravação etc., sem a permissão do detentor do copyright.

Editora Paz & Terra Ltda.
Rua Argentina, 171, 3º andar – São Cristóvão
Rio de Janeiro, RJ – 20921-380
Tel.: (21) 2585-2000.

Seja um leitor preferencial Record.
Cadastre-se e receba informações sobre nossos lançamentos e nossas promoções.

Atendimento e venda direta ao leitor:
sac@record.com.br

Texto revisado segundo o novo Acordo Ortográfico da Língua Portuguesa.

CIP-BRASIL. CATALOGAÇÃO NA FONTE
SINDICATO NACIONAL DOS EDITORES DE LIVROS, RJ

R419c 13ª ed.	Heller, Agnes, 1929- O cotidiano e a história / Agnes Heller; tradução de Carlos Nelson Coutinho e Leandro Konder. – 13ª ed. – Rio de Janeiro: Paz e Terra, 2024.

176 p. (Interpretações da história do homem; v. 2)

Tradução de: *Alltag und Geschichte. Zur sozialistischen Gesellschaftslehre*

ISBN: 978-85-7753-055-7

1. História social. 2. Ética. 3. Individualismo. 4. Comunismo e sociedade. I Título. II. Série.

CDD: 146.32
CDU: 141.82

08-0062

Impresso no Brasil
2024

Sumário

Nota sobre Agnes Heller
Carlos Nelson Coutinho e Leandro Konder 7

Valor e história 13

Estrutura da vida cotidiana 35

Sobre os preconceitos 69

Indivíduo e comunidade: Uma contraposição
real ou aparente? 97

Sobre os papéis sociais 125

O lugar da ética no marxismo 159

Nota sobre Agnes Heller

CARLOS NELSON COUTINHO E LEANDRO KONDER

AGNES HELLER NASCEU em Budapeste, em 1929. Estudou filosofia na Universidade Eötvös Loránd, nessa mesma cidade, quando foi aluna de Georg Lukács, de quem posteriormente se tornou assistente, seguidora e colaboradora intelectual. Trabalhos de Agnes Heller já foram traduzidos e publicados em alemão, inglês, francês, italiano, espanhol, servo-croata, tcheco, polonês e romeno. Um belo ensaio de sua autoria sobre "O futuro das relações entre os sexos" apareceu em português na coletânea *A crise da família*, publicada em 1971 pela Paz e Terra.

Um dos principais problemas abordados por Agnes Heller em sua atividade intelectual é aquele das relações entre a ética e a vida social. Em 1956, publicou seu primeiro livro, *A ética de Tchernichévski*, consagrado à análise da problemática do "egoísmo racional" na obra do importante pensador democrata revolucionário russo do século XIX. Vinculados à mesma temática, ou seja, à relação entre ética e sociedade, são os livros que publicou em seguida: *A dissolução dos padrões morais* (em 1957) e *A sociologia da moralidade ou a moral da sociologia* (em 1963).

Em 1966, publicaria ainda – sempre em língua húngara – o estudo *Papel social e preconceito*, cujos temas são retomados em dois dos ensaios contidos na presente coletânea, cuja edição original alemã é de 1970 e que é seu primeiro livro publicado em português.

Agnes Heller – juntamente com Ferenc Fehér, György Márkus e Mihály Vajda – integra a chamada Escola de Budapeste, formada pelos discípulos mais próximos de Georg Lukács. Em uma entrevista concedida pouco antes de sua morte, o mestre húngaro ressaltou a importância desse grupo de seguidores para uma correta avaliação de sua própria obra:

> Sinto-me na obrigação de destacar que minhas obras não são, de modo algum, o resultado do feliz êxito de um único indivíduo. Ao contrário; se meus escritos forem estudados à luz de suas origens e de seus efeitos imediatos, tornar-se-á cada vez mais claro que minha atividade teórica jamais foi a atividade de um pensador "isolado", mas sempre foi – e o é cada vez mais – algo dirigido para o estabelecimento de uma linha de pensamento, de uma escola... Assim, a chamada Escola de Budapeste cresceu no curso de minha própria atividade como teórico e como professor. O fato de que a única parte da produção dessa escola hoje internacionalmente conhecida seja aquela formada por meus próprios livros (muitos dos quais foram escritos em alemão) altera bem pouco o indiscutível dado de que se trata de uma linha de pensamento cientificamente importante, destinada certamente a ter influência no futuro.

E, caracterizando, de modo geral, a Escola, Lukács afirmava:

> Estudando de modo individual vários estágios social-
> mente significativos do desenvolvimento humano, essa
> escola procura situar de modo concreto as estruturas
> e as mudanças estruturais naquele processo histórico-
> -ontológico que deve ser explicitado por uma correta
> compreensão do método de Marx.

Isso significa que, partindo da concepção do marxismo como uma ontologia do ser social (concepção que se desenvolve sistematicamente nas obras do último Lukács), a Escola de Budapeste opõe-se tanto ao historicismo subjetivista (que dissolve as objetivações humanas em sua gênese social imediata) quanto às versões "estruturalistas" do marxismo (que substituem a dimensão ontológico-social por um epistemologismo formalista e anti-histórico).

Em sua entrevista, Lukács destacava particularmente a figura de Agnes Heller, a quem considerava o "membro mais produtivo" da Escola. Referindo-se aos trabalhos da última fase de Heller, assim se expressava Lukács:

> Entre as obras de Agnes Heller, encontram-se três livros que melhor exemplificam o tipo de orientação da escola marxista de Budapeste. *A ética de Aristóteles* e *O homem do Renascimento* são monografias históricas. A primeira fornece uma visão de conjunto da totalidade da filosofia platônica e aristotélica; a segunda é algo

que Ernst Cassirer teria realizado se fosse marxista, ou seja, uma exata e dinâmica representação de uma época intelectual, até agora – salvo alguns comentários incidentais – ignorada pelo marxismo. Esses dois livros, porém, são muito mais que simples análises históricas: os períodos por eles representados são períodos em que a alienação estava pouco avançada e em que a distância entre as potencialidades do gênero humano e a riqueza dos indivíduos ainda não era muito grande. Precisamente essa problemática levou Agnes Heller a escrever sua mais madura obra até hoje, a monografia sobre *A vida cotidiana*, cujo tema principal é nosso inteiro sistema dinâmico das categorias da atividade e do pensamento cotidiano. Esse livro aparece, ao mesmo tempo, como um dos mais importantes exemplos do renascimento da ontologia marxista durante os anos de 1960.

Deve-se ainda sublinhar que essa monografia sobre *A vida cotidiana,* que explicita sistematicamente os temas contidos no segundo ensaio da presente coletânea, é prefaciada pelo próprio Lukács.

A publicação em nossa língua dos trabalhos de Agnes Heller (juntamente com o belo ensaio de Ferenc Fehér sobre o romance, também publicado pela Paz e Terra), constitui um importante serviço prestado à cultura brasileira; o conhecimento e a divulgação das ideias lukacsianas do grupo de Budapeste podem contribuir decisivamente para um debate cultural que o monopólio estruturalista transforma num estéril monólogo. Os tradutores deste livro – que sempre fundamentaram sua atividade intelectual na convicção de que o pensamento de Lukács é a única resposta plenamente válida às questões culturais de nosso tempo – sentem-se assim bastante satisfeitos em apresentar os trabalhos dessa Escola ao público brasileiro.

VALOR E HISTÓRIA

A TEORIA SEGUNDO a qual os homens fazem sua própria história, mas em condições previamente dadas, contém as teses fundamentais da concepção marxista da história: por um lado, a tese da imanência, e, por outro, a da objetividade. À primeira vista, o princípio da imanência implica no fato da teleologia, ao passo que o princípio da objetividade implica naquele da causalidade; os homens aspiram a certos fins, mas estes estão determinados pelas circunstâncias, as quais, de resto, modificam tais esforços e aspirações, produzindo desse modo resultados que divergem dos fins inicialmente colocados etc. Mas essa distinção seria verdadeira tão somente se "circunstância" e "homem" fossem entidades separadas. Todavia, essas "circunstâncias" determinadas, nas quais os homens formulam finalidades, são as relações e situações sócio-humanas, as próprias relações e situações humanas mediatizadas pelas coisas. Não se deve jamais entender a "circunstância" como totalidade de objetos mortos, nem mesmo de meios de produção; a "circunstância" é a unidade de forças produtivas, estrutura social e formas de pensamento, ou seja, um complexo que contém inúmeras posições teleológicas, a resultante objetiva de tais posições teleológicas. E, ao contrário, quando os homens se colocam fins, o campo de determinação causal não é apenas o âmbito e a orientação de suas colocações, pois os seus atos teleológicos e todas as demais objetivações desencadeiam igualmente novas séries causais.

Causalidade e finalidade, portanto, são em Marx fatos ontológico-sociais que necessariamente se relacionam. A tese de sua necessária inter-relação, decerto, só é verdadeira para a sociedade, pois na natureza existe uma causalidade sem nenhuma teleologia. Disso decorre que também o par conceitual aparência-essência expressa uma realidade ontológico-social. O conceito de essência não tem sentido sem a finalidade, pois não há essencialidade – nem, consequentemente, aparência – a não ser do ponto de vista de uma colocação determinada de fins. Na natureza, a legalidade é realidade ontológica; referidas à natureza, essência e aparência podem ser consideradas apenas como categorias epistemológicas.

Mas nosso propósito agora não é analisar o problema das atividades teleológicas do homem individual e do processo histórico objetivo. O problema que aqui colocamos é o de saber se a história persegue algum fim; e, no caso de que não persiga nenhum, qual é a origem da aparência de uma finalidade objetiva. E, finalmente, a questão de saber se existe uma conexão necessária entre o desenvolvimento histórico e a ideia de uma finalidade objetiva.

A história é a *substância* da sociedade. A sociedade não dispõe de nenhuma substância além do homem, pois os homens são os portadores da objetividade social, cabendo-lhes exclusivamente a construção e transmissão de cada estrutura social. Mas essa substância não pode ser o *indivíduo humano*, já que esse – embora a individualidade seja a totalidade de suas relações sociais – não pode jamais conter a infinitude extensiva das relações sociais. Nem tampouco essa substância se identifica com o que Marx chamou de "essência humana". Veremos que a "essência humana" é também ela histórica; a história é, entre outras coisas, história da explicitação da essência humana, mas sem identificar-se com esse processo. A substância não contém apenas o essencial, mas também a *continuidade* de *toda* a heterogênea estrutura social, a continuidade dos valores. Por conseguinte, a substância da sociedade só pode ser a própria história.

Essa substância é estruturada e amplamente *heterogênea*.

As esferas heterogêneas – por exemplo: produção, relações de propriedade, estrutura política, vida cotidiana, moral, ciência, arte etc. – encontram-se entre si na relação de primário e secundário, ou na mera relação de alteridade. Não existe entre as esferas heterogêneas nenhuma hierarquia universal, nenhuma relação universal de essência e aparência. O desenvolvimento das forças produtivas é uma instância primária com relação ao desenvolvimento da estrutura total da sociedade; mas essa afirmação não implica em nenhuma articulação do tipo do par essência-aparência. Tão somente num ponto concreto, a partir do ponto de vista de tarefas e decisões dadas com relação a fins concretos, produz-se uma hierarquia entre as esferas heterogêneas.

O tempo é a irreversibilidade dos acontecimentos. O *tempo histórico é a irreversibilidade dos acontecimentos sociais.*

Todo acontecimento é irreversível *do mesmo modo*; por isso, é absurdo dizer que, nas várias épocas históricas, o tempo decorre em alguns casos "lentamente" e em outros "com maior rapidez". O que se altera não é o tempo, mas o *ritmo* da alteração das estruturas sociais. Mas esse ritmo é *diferente* nas esferas heterogêneas. É esse o fundamento da desigualdade do desenvolvimento, que constitui uma categoria central da concepção marxista da história.

As referidas esferas, heterogêneas e hierárquicas em suas relações recíprocas, são também heterogêneas até mesmo no interior de sua relativa homogeneidade de campos fechados, estando também elas articuladas com relação ao par essência-aparência. São elas os grandes túmulos da história, mas igualmente seus berços. Em determinado ponto, estruturas que foram essenciais submergem nas profundidades, para aí continuarem uma vida inessencial do ponto de vista social global; e outras se elevam, passando da inessencialidade à significatividade. Assim, por exemplo, na época tribal, as principais integrações da estrutura social foram as formações de grupos *face to face*: o trabalho se organizava em tais grupos, que foram a terra natal dos costumes; atualmente, estão encobertos por uma ampla escala de integrações, não mais "redutíveis" aos grupos *face to face*. Exemplo contrário: o valor cívico, que na Antiguidade manifestou-se apenas esporadicamente e era subvalorizado com relação à coragem militar e patriótica, conseguiu elevar-se com incrível rapidez, no início da Idade Moderna, chegando a ocupar o mais alto nível dos valores morais. Do mesmo modo se alteram as *funções* de estruturas teorias e valores determinados. Mas gostaríamos ainda de sublinhar que o desaparecimento ou a ascensão de tais entidades devem ser entendidos como alterações internas da esfera básica. As próprias esferas heterogêneas, surgidas no curso da história, têm a capacidade de, uma vez constituídas, jamais perecerem.

O decurso da história é o processo de construção dos valores, ou da degenerescência e ocaso desse ou daquele valor. Já a simples *existência* das várias esferas heterogêneas é, em si mesma, um fenômeno axiológico: a dinâmica do crescimento e degenerescência axiológicos reflete-se no conteúdo das esferas heterogêneas, em sua estrutura interna. Assim, por exemplo, o nascimento das esferas "produção" ou "moral" é o aparecimento de um valor; mas o nascimento de uma determinada produção ou de uma determinada moral já implica no movimento ondulatório de construção e desintegração.

Em primeiro lugar, o que entendemos por valor? Tudo aquilo que faz parte do ser genérico do homem e contribui, direta ou mediatamente, para a explicação desse ser genético. Aceitamos a concepção do jovem Marx – que se mantém também no período da maturidade – tal como foi expressa pela rica análise de György Márkus.[1] Segundo essa análise, as componentes da essência humana são, para Marx, o trabalho (a objetivação), a socialidade, a universalidade, a consciência e a liberdade. A essência humana, portanto, não é o que "esteve sempre presente" na humanidade (para não falar mesmo de cada indivíduo), mas a

---

1. György Márkus, *Marxizmus és "Antropológia"*, Budapeste, Akadémiai Kiadó, 1996.

realização gradual e contínua das *possibilidades* imanentes à humanidade, ao gênero humano. Voltemos ao problema do valor: pode-se considerar valor tudo aquilo que, em qualquer das esferas e em relação com a situação de cada momento, contribua para o enriquecimento daqueles componentes essenciais; e pode-se considerar desvalor tudo o que direta ou indiretamente rebaixe ou inverta o nível alcançado no desenvolvimento de um determinado componente essencial. O *valor, portanto, é uma categoria ontológico-social*; como tal, é algo objetivo; mas não tem objetividade natural (apenas pressupostos ou condições naturais), e sim objetividade social. É independente das avaliações dos indivíduos, mas não da atividade dos homens, pois é expressão e resultante de relações e situações sociais. De resto, Marx analisou inúmeras vezes essa específica objetividade ontológico-social. Deverei limitar-me aqui a dois exemplos: a análise do valor econômico, diante do qual Marx explica que é impossível documentá-lo através de uma análise química, mas que apesar disso é objetivo; e a passagem na qual Marx ironiza a refutação kantiana do argumento ontológico que demonstra a existência de Deus, escrevendo com justeza que os deuses realmente existiram, agiram e até se desenvolveram, mas como realidades sociais. Podemos acrescentar que existiram também para os homens que não acreditavam neles.

Como é natural, os referidos valores objetivos se explicitam em conexão recíproca no interior de *cada* esfera da heterogênea realidade social; e, do mesmo modo, pode se produzir a desvalorização em *cada* esfera. A própria produção, por exemplo, pode ser universal, livre, consciente, ou, ao contrário, como ocorre na alienação (*Entfremdung*), especializada, mecânica, escravizada ao salário. Quando se trata de valores especificamente morais, cujo caráter axiológico foi descoberto relativamente cedo, é muito fácil enxergar a intensidade com que se orientam no sentido da explicitação dos vários aspectos da essência humana. Não há atividade "moral" autônoma ou substantiva; a moral é *uma* relação entre as atividades humanas. Essa *relação* é – para empregarmos uma expressão bastante abstrata – a *conexão da particularidade com a universalidade genericamente humana*. A portadora dessa universalidade do gênero é sempre alguma estrutura social concreta, alguma comunidade, organização ou ideia, alguma exigência social. A moral é o sistema das exigências e costumes que permitem ao homem converter mais ou menos intensamente em necessidade interior – em necessidade moral – a elevação acima das necessidades *imediatas* (necessidades de sua particularidade individual), as quais podem se expressar como desejo, cólera, paixão, egoísmo ou até mesmo fria lógica egocêntrica, de modo a que a particularidade se identifique com as exigências, aspirações e ações sociais que existem para além das casualidades da própria pessoa, *"elevando-se"* realmente até essa altura. Essa estrutura básica compreende também o caso de sociedades portadoras de desvalores, mediante os quais resulte extremamente valorizado *do ponto de vista material* – não daquele estrutural – até mesmo a satisfação da pretensão mais espontânea e vaga. Basta pensar nos valores morais mais arcaicos e, ao mesmo tempo, mais persistentes, como a honradez, a justiça, a valentia, para ter certeza de que tais valores foram sempre – como normas, usos ou ideias – meios de elevação da particularidade ao genericamente humano; as variações de seus conteúdos dependeram em grande medida do tipo de comunidade a que tinha de elevar-se o indivíduo a partir de sua particularidade. Temos de acrescentar ainda que a arte cumpre também, enquanto autoconsciência e memória que é da história humana (para usar a definição de Georg Lukács),[2] essa função de "elevar" a particularidade individual ao genericamente humano; por esse motivo, podemos observar – aludindo mais uma vez a Lukács – que não é casual que uma das categorias mais centrais da arte, a catarse, seja propriamente uma categoria ética.[3]

Voltemos ao caráter complexo dos valores morais. Até agora referimo-nos apenas ao momento da explicitação da essência humana relacionado com a sociedade. Citemos um novo aspecto: também a liberdade é uma categoria central da ética. Observemos, incidentalmente, que nem sempre isso ocorreu.

No cume da hierarquia axiológica das éticas antigas não estava à liberdade, mas a felicidade. A liberdade só veio a conseguir um lugar importante e cada vez mais significativo no núcleo da ética na época em que assumiu essa mesma importância na própria realidade; quando as comunidades naturais de tipo antigo se dissolveram, a sociedade capitalista empreendeu o caminho do seu

---

2. Georg Lukács, *Werke*, vol.10, *Probleme der Ästhetik*, Luchterhand. Neuwied und Berlim, 1969, pp. 773 ss. [Edição brasileira: *Introdução a uma estética marxista*, Civilização Brasileira, Rio de Janeiro, 1970, pp. 262 ss.]

3. Georg Lukács, *Werke*, vol. 11, *Ästhetik* 1, t. 1, Luchterhand, Neuwied e Berlim, 1963, pp. 802 ss.

desenvolvimento e, com isso, esgotou-se a inserção incondicional e natural do homem numa situação dada; por conseguinte, pelo menos de modo abstrato e de acordo com a mera possibilidade, o homem pôde já escolher seu lugar no mundo e, com ele seus costumes e suas normas, o que tornou desnecessária uma ética vinculada ao código dos costumes. Assim, portanto, a "liberdade" enquanto nova categoria central da eticidade significa um *crescimento axiológico*. Esse crescimento foi um fato real e objetivo, embora para a grande maioria dos indivíduos continuasse a ser uma mera possibilidade abstrata. Não é aqui o local adequado para analisar o modo pelo qual se articulam, no mundo da moralidade, a universalidade, a consciência e o trabalho (a objetivação), nem tampouco a relação entre eles. Trata-se de uma análise que qualquer um pode fazer.

A explicitação dos valores, portanto, produz-se em esferas heterogêneas. Como dissemos, essas se desenvolvem de modo desigual. Uma esfera pode explicitar a essência em *um* sentido, ao passo que outra esfera impede isso em *outro* sentido e se orienta para uma desvalorização. A história é história de colisão de valores de esferas heterogêneas.

Mas a colisão entre esferas heterogêneas é apenas uma das contínuas colisões de valores que ocorrem na história. Também dentro de cada esfera deve-se considerar como típica a situação que contribui para a plena explicitação de um aspecto da essência humana, enquanto provoca a degenerescência de outros. Basta pensar no desenvolvimento da sociedade durante os últimos séculos. A integração, o nascimento de uma humanidade para-nós, isto é, autoconsciente, bem como a constituição de uma história universal, são indiscutivelmente um momento valioso, enquanto a solidão do homem, a perda de sua base comunitária, sua submissão manipulada aos grandes mecanismos sociais são, também indiscutivelmente, desvalorizações objetivas ocorridas no curso do mesmo processo.

O que foi dito já é suficiente para ver que consideramos a explicitação dos valores como uma *tendência de desenvolvimento e* que, na constante oscilação entre constituição de valores e desvalorização, consideramos fundamental precisamente o crescimento de valor; desse modo, consideramos a história como desenvolvimento, a substância social como substância em desenvolvimento. Se, por explicitação do valor, entendêssemos simplesmente o aumento e o enriquecimento dos valores morais, seria de duvidar – para falarmos comedidamente – que pudéssemos justificar esse ponto de vista. Pois se poderia objetar que os homens não são nem melhores nem mais felizes que no passado. E seria mesmo difícil, quando não impossível, provar nosso ponto de vista entendendo por desenvolvimento do valor o fato de que os valores *realizados* de determinadas épocas históricas fossem – *globalmente* considerados – mais desenvolvidos que os valores realizados – e também globalmente considerados – de épocas anteriores. Mas não reduzimos o conceito de valor ao valor moral, nem esse aos conceitos de bondade e de felicidade; além disso, tampouco identificamos o desenvolvimento dos valores com a totalidade dos valores que efetivamente funcionam numa época determinada.

No que se refere à primeira questão, repetiremos que consideramos valor tudo aquilo que produz diretamente a explicitação da essência humana ou é condição de tal explicitação. Portanto, consideramos como valores as forças produtivas e como explicitação de valores a explicitação dessas forças, já que essa explicitação significa, direta e indiretamente, aquela das capacidades humanas, na medida em que aumenta a quantidade de valores de uso – e, portanto, de necessidades humanas – e diminui o tempo socialmente necessário para a obtenção dos vários produtos.

Esse desenvolvimento é a base da explicitação de todos os demais valores. E se, nesse ponto, alguém lembrar o fato da alienação ou a sinistra utopia de uma humanidade manipulada, responderemos: o caráter axiológico objetivo e básico apresentado pelo desenvolvimento das forças produtivas significa, simplesmente, que tal desenvolvimento é *condição imprescindível* da explicitação universal da essência humana. O que em si mesmo não significa nada com relação ao incremento do valor que se produz nas demais esferas heterogêneas, nem à sua possível desvalorização. O valor total de uma estrutura social pode diminuir, ainda que aumente o conteúdo axiológico de *uma* de suas esferas; e a diminuição global não impede que o conteúdo axiológico *dessa* esfera determinada seja efetivamente um valor, nem que este aumente. Em nosso caso: a possível diminuição de valor global não anula o fato de que tal desenvolvimento axiológico (das forças produtivas) seja a base da explicitação dos valores das demais esferas, embora tão somente no sentido de uma *conditio sine qua non* e de nenhum modo num sentido hierárquico.

O caminho "para cima", o caráter evolutivo da história, pode ser mostrado do modo mais evidente no desenvolvimento das forças produtivas, o qual, como vimos, é um desenvolvimento valioso. Mas, já aqui, pode-se observar o fenômeno da *discrepância entre possibilidade e realidade*, do qual falaremos a seguir. Assim, por exemplo, no começo do feudalismo, a produção real, a quantidade de valores de uso, diminuiu em comparação com as épocas mais fecundas da Antiguidade. Mas, apesar disso, o novo tipo de produção conta entre suas possibilidades (e inclusive naquela fase inicial) com muito mais do que o estágio mais elevado da produção antiga. *Critério de desenvolvimento dos valores não é apenas a realidade dos mesmos, mas também sua possibilidade.* Todavia, se consideramos os valores de outras esferas, enfrentamo-nos com o fato da já citada discrepância. Analisando a moral, a liberdade social, a explicitação do indivíduo, a arte ou seus vários ramos ou tipos etc., veremos que o desenvolvimento do valor não é de nenhum modo algo contínuo. Uma vez atingido certo estágio numa ou noutra esfera, pode ocorrer – dependendo da estrutura social em seu conjunto – que na época seguinte tal estágio seja perdido, para iniciar-se um processo de deformação, de perda de importância ou de essencialidade. Opinamos, todavia, que em nenhuma esfera a obtenção de um valor pode vir a ser inteiramente anulada pela perda de um dos seus estágios. *A realização é sempre absoluta; a perda, ao contrário, é relativa.* Enquanto a humanidade não atinge um determinado estágio, não tem existência o incremento axiológico correspondente ao mesmo. Quando o valor constituído numa determinada esfera ou num determinado sentido perde a altura ou o estágio alcançado, *passa a existir apenas como possibilidade*, mas não é inteiramente aniquilado. Podem variar as formas de sua subsistência; pode acontecer que desapareça uma forma de vida existente em inteiras comunidades (por exemplo, a democracia ateniense), mas grupos reduzidos ou mesmo indivíduos (como os estoicos e epicurianos, no caso do exemplo) preservarão a maioria dos valores daquela forma de vida, inclusive através de longos períodos estéreis da história ou mesmo em épocas de predomínio de outros valores. Por vezes, o valor atingido subsiste como norma abstrata, jamais satisfeita na realidade; em outros casos, o valor pode conservar-se em suas objetivações – nas epopeias homéricas, por exemplo – esperando ser novamente descoberto. Por mais duradouras que sejam as fases históricas estéreis com relação a essa ou aquela esfera ou substância axiológicas, sempre existirão "preservadores" dos valores alcançados. O ser segundo a mera possibilidade é um desaparecimento relativo; após épocas estéreis do ponto de vista do valor em questão, começa a redescoberta e, com ela, a continuação da construção do velho valor, o qual pode novamente entrar em colapso – já depois de ter alcançado um nível superior – e voltar ao plano da mera possibilidade. Nem um só valor conquistado pela humanidade se perde de modo absoluto; tem havido, continua a haver e haverá sempre ressurreição. Chamaria a isso de *invencibilidade da substância humana*, a qual só pode sucumbir com a própria humanidade, com a história. Enquanto houver humanidade, enquanto houver história, haverá também desenvolvimento axiológico no sentido anteriormente descrito.

Ao dizer isso, não pretendo negar aos homens (às camadas e classes sociais) o direito de se desesperarem em face da desagregação dos valores no *hic et nunc* de uma época determinada, ou o de se indignarem, ou o de considerarem a decadência como algo irreparável. Não é paradoxal afirmar que essa indignação ou desespero, a descoberta das perspectivas de irreparabilidade, podem ser uma das principais fontes de preservação dos valores. Digamos, desde já, que nem sempre ocorre assim; esses fenômenos também podem se reduzir a manifestações de histeria, de fuga, de retrocesso diante do conflito. É a situação concreta que decide, em todos os casos, se se pode considerar um comportamento determinado como preservador de valores. Numa determinada época, a decadência do valor pode ser efetiva, embora se apresente como relativa do ponto de vista histórico-universal. Diante das conclusões desesperadas de C. Wright Mills com relação à degradação essencial de seus contemporâneos e compatriotas, podemos replicar com o argumento de que nem mesmo o mais manipulado de nossos contemporâneos sentir-se-ia satisfeito no Estado de Platão ou na Cidade do Sol de Campanella, porque nesses dois ambientes sentiria um estrangulamento de sua individualidade, embora nem Platão nem Campanella – apesar de terem sido refutados em vários pontos por seus contemporâneos – tivessem jamais sido acusados, em suas épocas, de oprimirem o indivíduo; é que os indivíduos daquelas épocas, diferentemente dos muitos indivíduos manipulados da nossa, sequer tinham necessidades individuais.[4]

---

4. Cf., por exemplo, C. Wrigth Mills, *Kritik der soziologischen Denkweise*, Luchterhand, Neuwied e Berlim, 1963. [Edição brasileira: *A imaginação sociológica*, Zahar Editores, Rio de Janeiro, 1971.]

Nosso argumento seria verdadeiro, mas injusto. O crítico social tem razões para não submeter suas comparações ao crivo da história universal.

Até o momento, não consideramos a possibilidade do valor a não ser no sentido de que um valor já conquistado pode cair ao nível do meramente possível. Mas também podemos observar outro sentido de possibilidade nas várias esferas do valor: trata-se de uma possibilidade de valor da qual já falamos acerca do desenvolvimento das forças produtivas, ou seja, a de que certas relações de produção e relações sociais em geral contenham abstratamente uma possibilidade axiológica superior àquelas que as precederam, embora não atualizem essa possibilidade logo em seguida. Por isso, é justo medir as estruturas sociais aplicando-lhes como critério suas *próprias* possibilidades ontológicas: o critério adequado para avaliar as formas existentes de socialismo, bem como suas relações axiológicas internas, não é o conjunto de valores sociais do capitalismo, mas sim o das possibilidades de valor contidas no socialismo.

A história, portanto, é a substância da sociedade. Mas a sociedade é sempre um complexo determinado, com um método de produção determinado, apresentando ainda classes, camadas, formas mentais e alternativas igualmente determinadas. Essas classes, camadas, formas mentais e alternativas são meramente portadoras de um conteúdo axiológico relativo, ou de uma possibilidade axiológica relativa. A relatividade se deve, antes de mais nada, ao fato de que a totalidade do valor – a explicitação da essência humana – pode se realizar apenas no processo *infinito* do desenvolvimento histórico total. Por outro lado, aqueles fatores não abarcam sequer as possibilidades de cada época determinada, pois a própria realidade é bastante heterogênea e, além disso, há sempre a possibilidade de que divirjam intensamente uns dos outros (ou mesmo se contradigam) os diferentes aspectos axiológicos de cada decisão. A arte sempre soube (e materializou segundo seu modo específico) que é muito extremo o caso em que uma alternativa ou os indivíduos que a escolhem careçam de todo valor; também sempre soube que é impossível encarnar um valor absoluto. Este fato pode ser formulado abreviadamente: em todo bom drama, cada personagem "está certo de alguma maneira". Mas ainda que todo valor e toda escolha de conteúdos valiosos (a escolha praticada na vida cotidiana muitas vezes carece desse valor) sejam relativos, não se pode todavia considerar idênticas as várias decisões e alternativas. Numa formulação grosseira: uma escolha é tanto mais valiosa – em sua totalidade – quanto mais valores permite realizar e quanto mais intensa e rica é a relativa esfera de possibilidade. Assim, por exemplo, o proletariado é, segundo Marx, a classe que através de sua própria liberação liberta toda a humanidade da exploração; e essa liberação dá lugar à explicação de uma infinidade de valores, incluído – e não em último lugar – o fato valioso de que todo indivíduo da sociedade pode apropriar-se desses valores e realizá-los. A partir desse ponto de vista, Marx julga as teorias econômicas de

Sismondi e Ricardo, condenando o romântico Sismondi em comparação com Ricardo, o qual caracteriza com certo cinismo o desenvolvimento das forças produtivas como valor fundamental:

> Aqueles que, como certos opositores sentimentais de Ricardo, afirmam que a produção como tal não é a finalidade esquecem que a produção pela produção quer dizer apenas desenvolvimento das forças produtivas humanas, ou seja, *desenvolvimento da riqueza da natureza humana como finalidade de si mesma...* E não entendem que esse desenvolvimento das capacidades do gênero *homem*, embora se realize inicialmente à custa da maioria dos indivíduos humanos e de certas classes humanas, supera no final esse antagonismo e coincide com o desenvolvimento do indivíduo; em outras palavras, o desenvolvimento superior da individualidade deve ser pago com um processo histórico no qual os indivíduos são sacrificados.[5]

O mesmo exemplo de Marx demonstra que não apenas os juízos estéticos e éticos são juízos de valor. Todo juízo referente à sociedade é um juízo de valor, na medida em que se apresenta no interior de uma teoria, de uma concepção do mundo. Isso não quer dizer que seja subjetivo, já que os próprios valores sociais são fatos ontológicos. Quanto maior for o número de juízos de fato (de fato na realidade e na possibilidade) iluminados por uma teoria, quanto mais claramente ela revelar qual é o caminho

---

5. Karl Marx, *Theorien über den Mehrwert*, Stuttgart, 1921, II/I, pp. 309 ss.

de explicitação do valor e quais são os obstáculos que se opõem a seu desenvolvimento, tanto mais verdadeira e objetiva será tal teoria. O conhecimento e a tomada de posição não são aqui duas entidades diferentes, mas dois aspectos distintos de uma mesma manifestação de valor.

Ao afirmar que todo juízo referente à sociedade é um juízo de valor, acrescentamos a seguinte restrição: "na medida em que se apresente no interior de uma teoria, de uma concepção do mundo". Pois se estudarmos um por um os juízos referentes à sociedade, de um modo abstrato, será fácil provar que muitos deles não são juízos de valor. Mas, na realidade, nenhum juízo acerca da sociedade "existe" em tal isolamento. Todo juízo funciona sempre, explícita ou implicitamente, como parte da totalidade de uma teoria, de uma concepção do mundo, de uma imagem do mundo. A análise de juízos isolados não nos permite nenhum avanço nesse complexo de problemas.

As escolhas entre alternativas, juízos, atos, têm um conteúdo axiológico objetivo. *Mas os homens jamais escolhem valores*, assim como jamais escolhem o bem ou a felicidade. Escolhem sempre ideias *concretas*, finalidades *concretas*, alternativas *concretas*. Seus atos concretos de escolha estão naturalmente relacionados com sua atitude valorativa geral, assim como seus juízos estão ligados à sua imagem do mundo. E reciprocamente: sua atitude valorativa se fortalece no decorrer dos concretos atos de escolha. A heterogeneidade da realidade pode dificultar extraordinariamente, em alguns casos, a decisão acerca de qual é a escolha que, entre as alternativas dadas, dispõe de maior conteúdo valioso; e essa decisão – na medida em que é necessária – nem sempre se pode tomar independentemente da concreta pessoa que a pratica. Por isso, disse Thomas Mann que os anos do fascismo foram tempos moralmente bons, pois o fascismo reprimia tão inequivocamente *todo e qualquer* valor humano fundamental que, com isso, facilitava consideravelmente a boa decisão (facilitava-a, decerto, não fisicamente, mas sim moralmente, do ponto de vista da clareza ou univocidade). Poderíamos acrescentar que a indignação e a rebelião elementares da humanidade contra o fascismo fornecem a prova mais cabal daquilo que chamamos de invencibilidade da substância humana.

A invencibilidade da substância e o desenvolvimento dos valores – dada como possibilidade inclusive em uma situação de desvalorização – constituem a essência da história, porque a *história é contínua* apesar de seu caráter discreto e porque essa continuidade é precisamente a substância da sociedade. A humanidade dispõe de meios – as bombas atômicas e de hidrogênio – com os quais pode interromper essa continuidade e aniquilar sua própria história. Por conseguinte, a aniquilação de nossa história – isto é, de nossos valores – é indubitavelmente uma alternativa existente; decerto, não podemos trabalhar com ela, pois só podemos fazê-lo com *nossa* história e com *nossos* valores. Essa é a única alternativa na qual – pelo menos para nossa história – não há ressurreição possível. Por isso, encontra-se no próprio centro dos valores de nossa época a palavra de ordem de lutar contra essa alternativa.

Voltemos, finalmente, à nossa colocação inicial: a história é um processo finalístico, um processo objetivamente teleológico? Devemos responder a essa pergunta com um "não" inequívoco. As alternativas históricas são sempre reais: sempre *é possível* decidir, em face delas, de um modo diverso daquele em que realmente se decide. Não era *obrigatório* que o desenvolvimento social tomasse a forma que tomou; simplesmente foi possível que surgisse essa configuração (ou outra). Muitas vezes, as fases decisivas do desenvolvimento foram fruto *do acaso*; não há nenhuma dúvida que a decolagem da produção na Grécia Antiga é um fenômeno casual, se confrontado com o modo de produção asiático. Então a que se deve, apesar disso, a aparência de finalidade objetiva e até mesmo, com frequência, de "sentido" da história? Resposta: ao caráter substancial da história, à construção dos valores sobre a base de outros valores. A partir do momento em que o homem produziu as possibilidades de sua própria essência, ao elevar-se através da hominização acima do reino animal, *pode realizar apenas precisamente essas possibilidades*. Uma vez que as realiza, em qualquer das direções possíveis, já não pode mais perdê-las do ponto de vista do desenvolvimento histórico global. Desse modo, surge a aparência de que nos encontramos em face do estranho plano de um arquiteto, em face da "astúcia da Razão". Não podemos conhecer a meta da história, nem sua necessidade (se interpretada sem as alternativas), caso em que sua representação aparece como secretamente idêntica à representação teleológica. Mas podemos estabelecer a possibilidade de um subsequente desenvolvimento dos valores, apoiar tal possibilidade e, desse modo, emprestar um sentido à *nossa* história.

Estrutura da vida cotidiana

A vida cotidiana é a vida de *todo* homem. Todos a vivem, sem nenhuma exceção, qualquer que seja seu posto na divisão do trabalho intelectual e físico. Ninguém consegue identificar-se com sua atividade humano-genérica a ponto de poder desligar-se inteiramente da cotidianidade. E, ao contrário, não há nenhum homem, por mais "insubstancial" que seja, que viva tão somente na cotidianidade, embora essa o absorva preponderantemente.

A vida cotidiana é a vida do homem *inteiro*; ou seja, o homem participa na vida cotidiana com todos os aspectos de sua individualidade, de sua personalidade. Nela, colocam-se "em funcionamento" todos os seus sentidos, todas as suas capacidades intelectuais, suas habilidades manipulativas, seus sentimentos, paixões, ideias, ideologias. O fato de que todas as suas capacidades se coloquem em funcionamento determina também, naturalmente, que nenhuma delas possa realizar-se, nem de longe, em toda sua intensidade. O homem da cotidianidade é atuante e fruidor, ativo e receptivo, mas não tem nem tempo nem possibilidade de se absorver inteiramente em nenhum desses aspectos; por isso, não pode aguçá-los em toda sua intensidade.

A vida cotidiana é, em grande medida, heterogênea; e isso sob vários aspectos, sobretudo no que se refere ao conteúdo e à significação ou importância de nossos tipos de atividade. São partes orgânicas da vida cotidiana: a organização do trabalho e da vida privada, os lazeres e o descanso, a atividade social sistematizada, o intercâmbio e a purificação.

Mas a significação da vida cotidiana, tal como seu conteúdo, não é apenas heterogênea, mas igualmente hierárquica. Todavia, diferentemente da circunstância da heterogeneidade, a forma concreta da hierarquia não é eterna e imutável, mas se modifica de modo específico em função das diferentes estruturas econômico-sociais. Assim, por exemplo, nos tempos pré-históricos, o trabalho ocupou um lugar dominante nessa hierarquia; e, para determinadas classes trabalhadoras (para os servos, por exemplo), essa mesma hierarquia se manteve durante ainda muito tempo; toda a vida cotidiana se constituía em torno da organização do trabalho, à qual se subordinavam todas as demais formas de atividade. Em troca, para a população livre da Ática do século v antes de nossa era ocupavam o lugar central da vida cotidiana a atividade social, a contemplação, o divertimento (cultivo das faculdades físicas e mentais), e as demais formas de atividade agrupavam-se em torno destas numa gradação hierárquica. A heterogeneidade e a ordem hierárquica (que é condição de organicidade) da vida cotidiana coincidem no sentido de possibilitar uma explicitação "normal" da produção e da reprodução, não apenas no "campo da produção" em sentido estrito, mas também no que se refere às formas de intercâmbio. A heterogeneidade é imprescindível para conseguir essa "explicitação normal" da cotidianidade; e esse funcionamento rotineiro da hierarquia espontânea é igualmente necessário para que as esferas heterogêneas se mantenham em movimento simultâneo.

O homem nasce já inserido em sua cotidianidade. O amadurecimento do homem significa, em qualquer sociedade, que o indivíduo *adquire todas as habilidades imprescindíveis para a vida cotidiana da sociedade* (camada social) *em questão*. É adulto quem é capaz de viver por si mesmo a sua cotidianidade.

O adulto deve dominar, antes de mais nada, a manipulação das coisas (das coisas, certamente, que são imprescindíveis para a vida da cotidianidade em questão). Deve aprender a segurar o copo e a beber no mesmo, a utilizar o garfo e a faca, para citar apenas os exemplos mais triviais. Mas, já esses, evidenciam que a *assimilação da manipulação das coisas é sinônimo de assimilação das relações sociais*. (Pois não é adulto quem aprende a comer apenas com as mãos, ainda que também desse modo pudesse satisfazer suas necessidades vitais). Mas, embora a manipulação das coisas seja idêntica a assimilação das relações sociais, continua também contendo inevitavelmente, de modo "imanente", o domínio espontâneo das leis da natureza. A forma concreta de submissão ao poder (da natureza) é sempre mediatizada pelas relações sociais, mas o fato em si da submissão à natureza persiste sempre enquanto tal.

Se a assimilação da manipulação das coisas (e, *eo ipso*, a assimilação do domínio da natureza e das mediações sociais) é já condição de "amadurecimento" do homem

ESTRUTURA DA VIDA COTIDIANA | 37

até tornar-se adulto na cotidianidade, o mesmo poder-se-á dizer – e, pelo menos, em igual medida – no que se refere a *assimilação imediata* das formas do intercâmbio ou comunicação social. Essa assimilação, esse "amadurecimento" para a cotidianidade, começa sempre "por grupos" (em nossos dias, de modo geral, na família, na escola, em pequenas comunidades). E esses grupos *face to face* estabelecem uma *mediação* entre o indivíduo e os costumes, as normas e a ética de outras integrações maiores. O homem aprende no grupo os elementos da cotidianidade (por exemplo, que deve levantar e agir por sua conta; ou o modo de cumprimentar, ou ainda como comportar-se em determinadas situações etc.); mas não ingressa nas fileiras dos adultos, nem as normas assimiladas ganham "valor", a não ser quando essas comunicam realmente ao indivíduo os valores das integrações maiores, quando o indivíduo – saindo do grupo (por exemplo, da família) – é capaz de se manter autonomamente no mundo das integrações maiores, de orientar-se em situações que já não possuem a dimensão do grupo humano comunitário, de mover-se no ambiente da sociedade em geral e, além disso, de mover por sua vez esse mesmo ambiente.

A vida cotidiana não está "fora" da história, mas no "centro" do acontecer histórico: é a verdadeira "essência" da substância social. Nesse sentido, Cincinato é um símbolo. As grandes ações não cotidianas que são contadas nos livros de história partem da vida cotidiana e a ela retornam. Toda grande façanha histórica concreta torna-se particular e histórica precisamente graças a seu posterior efeito na cotidianidade. O que assimila a cotidianidade de sua época assimila também, com isso, o passado da humanidade, embora tal assimilação possa não ser consciente, mas apenas "em-si".

A vida cotidiana é a vida do indivíduo. O indivíduo é sempre, *simultaneamente, ser particular e ser genérico*. Considerado em sentido naturalista, isso não o distingue de nenhum outro ser vivo. Mas, no caso do homem, a particularidade expressa não apenas seu ser "isolado", mas também seu ser "individual". Basta uma folha de árvore para lermos nela as propriedades essenciais de todas as folhas pertencentes ao mesmo gênero; mas um homem não pode jamais representar ou expressar a essência da humanidade.

Que caracteriza essa particularidade social (ou socialmente mediatizada)? A *unicidade e irrepetibilidade* são, nesse ponto, fatos ontológicos fundamentais. Mas o único e irrepetível converte-se num complexo cada vez mais complexo, que se baseia na assimilação da realidade social dada e, ao mesmo tempo, das capacidades dadas de manipulação das coisas; a assimilação contém em cada caso (inclusive no do homem mais primitivo) algo de momento "irredutível", "único".

As necessidades humanas tornam-se conscientes, no indivíduo, sempre sob a forma de necessidades do *Eu*. O "Eu" tem fome, sente dores (físicas ou psíquicas); no "Eu" nascem os afetos e as paixões. A dinâmica básica da particularidade individual humana é a satisfação dessas necessidades do "Eu". Sob esse aspecto, não há diferença no fato de que um determinado "Eu" identifique-se em si ou conscientemente com a representação dada do genericamente humano, além de serem também indiferentes os conteúdos das necessidades do "Eu".

Todo conhecimento do mundo e toda pergunta acerca do mundo motivados diretamente por esse "Eu" único, por suas necessidades e paixões, é uma questão da particularidade individual. "Por que vivo?", "Que devo esperar do Todo? – são perguntas desse tipo. A teleologia da particularidade orienta-se – sempre para a própria particularidade, ou seja, para o indivíduo.

Também o genérico está "contido" em todo homem e, mais precisamente, em toda atividade que tenha caráter genérico, embora seus motivos sejam particulares. Assim, por exemplo, o trabalho tem frequentemente motivações particulares, mas a atividade do trabalho – quando se trata de trabalho efetivo (isto é, socialmente necessário) – é sempre atividade do gênero humano. Também é possível considerar como humano-genéricos, em sua maioria, os sentimentos e as paixões, pois *sua existência e seu conteúdo podem ser úteis para expressar e transmitir a substância humana*. Assim, na maioria dos casos, o particular não é nem o sentimento nem a paixão, mas sim seu modo de manifestar-se, referido ao eu e colocação a serviço da satisfação das necessidades e da teleologia do indivíduo.

Enquanto indivíduo, portanto, é o homem um ser genérico, já que é produto e expressão de suas relações sociais, herdeiro e preservador do desenvolvimento humano; mas o representante do humano-genérico não é jamais um homem sozinho, mas sempre a integração (tribo, demos, estamento, classe, nação, humanidade) – bem como, frequentemente, várias integrações – cuja parte consciente é o homem e na qual se forma sua "consciência de nós".

Não é casual que acentuemos o elemento "consciência". O indivíduo já pertencia à humanidade – que é a integração suprema – mesmo quando ainda não se formara uma humanidade unitária, uma história como história universal. (Não podemos aprofundar aqui a questão das diferenças entre a relação mediatizada e a relação imediata com a humanidade). Para o homem de uma dada época, o humano-genérico é sempre representado pela comunidade "através" da qual passa o percurso, a história da humanidade (e isso mesmo no caso em que o destino dessa integração concreta seja a catástrofe). Todo homem sempre teve uma relação consciente com essa comunidade; nela se formou sua "consciência de nós", além de configurar-se também sua própria "consciência do Eu".

Nela explicitou-se a teleologia do humano-genérico, cuja colocação jamais se orienta para o "Eu", mas sempre para o "nós".

O indivíduo (a individualidade) contém *tanto* a particularidade *quanto* o humano-genérico que funciona consciente e inconscientemente no homem. Mas o indivíduo é um ser singular que se encontra em relação com sua própria individualidade particular e com sua própria genericidade humana; e, nele, tornam-se conscientes ambos os elementos. É comum a toda individualidade a escolha *relativamente* livre (autônoma) dos elementos genéricos e particulares; mas, nessa formulação, deve-se sublinhar igualmente os termos "relativamente". Temos ainda de acrescentar que o *grau* de individualidade pode variar. O homem singular não é pura e simplesmente indivíduo, no sentido aludido; nas condições da manipulação social e da alienação, ele

ESTRUTURA DA VIDA COTIDIANA | 41

se vai fragmentando cada vez mais "em seus papéis". *O desenvolvimento do indivíduo é antes de mais nada* – mas de nenhum modo exclusivamente – *função de sua liberdade fática ou de suas possibilidades de liberdade.*

A explicitação dessas possibilidades de liberdade origina, em maior ou menor medida, a *unidade* do indivíduo, a "aliança" de particularidade e genericidade para produzir uma individualidade unitária. Quanto mais unitária for essa individualidade (pois essa unidade, naturalmente, é apenas *tendência*, mais ou menos forte, mais ou menos consciente), tanto mais rapidamente deixa de ser aquela muda união vital do genérico e do particular a forma característica da *inteira* vida. A condição ontológico-social desse resultado é um relaxamento da relação entre a comunidade portadora do humano-genérico e o próprio indivíduo, o qual – já enquanto indivíduo – dispõe de um certo *âmbito de movimento* no qual pode escolher *sua própria comunidade e seu próprio modo de vida* no interior das possibilidades dadas. A consequência disso é uma certa *distância*, graças à qual o homem pode construir uma relação com sua própria comunidade, bem como uma relação com sua própria particularidade vivida enquanto "dado" relativo.

Mas nem mesmo nesse caso deixa essa unidade individual de ser mera tendência, mera possibilidade. Na vida cotidiana, a esmagadora maioria da humanidade jamais deixa de ser, ainda que nem sempre na mesma proporção, nem tampouco com a mesma extensão, *muda unidade vital de particularidade e genericidade.* Os dois elementos funcionam em si e não são elevados à consciência. O fato de se nascer já lançado na cotidianidade continua significando que os homens assumem como dadas as funções da vida cotidiana e as exercem paralelamente.

Os choques entre particularidade e genericidade não costumam tornar-se conscientes na vida cotidiana; ambas submetem-se sucessivamente uma à outra do aludido modo, ou seja, "mudamente". Mas isso não significa que a particularidade se submeta a uma comunidade natural; nesse ponto, manifesta-se uma diferença de princípio entre a moderna estrutura da vida cotidiana e a explicitação da estrutura que precedeu o nascimento da individualidade. Pois já não existem "comunidades naturais". Com isso, aumentam as possibilidades que tem a particularidade de submeter a si o humano-genérico e de colocar as necessidades e interesses da integração social em questão a serviço dos afetos, dos desejos, do egoísmo do indivíduo.

Esse aumento de possibilidade – essa oportunidade de vitória espontânea da particularidade – suscitou a ética como uma necessidade da comunidade social. As exigências e normas da ética formam a *intimação* que a integração específica determinada (e a tradição do desenvolvimento humano) dirige ao indivíduo, a fim de que esse submeta sua particularidade ao genérico e converta essa intimação em motivação interior. A ética como motivação (o que chamamos de moral) é algo individual, mas não uma motivação particular: é individual no sentido de atitude livremente adotada (com liberdade relativa) por nós diante da vida, da sociedade e dos homens.

Umas das funções da moral é a inibição, o veto. A outra é a transformação, a culturalização das aspirações da particularidade individual. Isso não se refere apenas a vida

ESTRUTURA DA VIDA COTIDIANA | 43

do indivíduo, mas também a da humanidade. Por mais intenso que seja o esforço "transformador" e culturalizador da moral, *não se supera sua função inibidora e essa se impõe na medida em que a estrutura da vida cotidiana está caracterizada basicamente pela muda coexistência de particularidade e genericidade.*

A vida cotidiana está carregada de alternativas, de escolhas. Essas escolhas podem ser inteiramente indiferentes do ponto de vista moral (por exemplo, a escolha entre tomar um ônibus cheio ou esperar o próximo); mas também podem estar moralmente motivadas (por exemplo, ceder ou não o lugar a uma mulher de idade). *Quanto maior é a importância da moralidade, do compromisso pessoal, da individualidade e do risco* (que vão sempre juntos) *na decisão acerca de uma alternativa dada, tanto mais facilmente essa decisão eleva-se acima da cotidianidade* e tanto menos se pode falar de uma decisão cotidiana. Quanto mais intensa é a motivação do homem pela moral, isto é, pelo humano-genérico, tanto mais facilmente sua particularidade se elevará (através da moral) à esfera da genericidade. Nesse ponto, termina a muda coexistência de particularidade e genericidade. É necessário o conhecimento do próprio Eu, o *gnôthi seautón*, o conhecimento e a apaixonada assimilação das intimações humano-genéricas, a fim de que o homem seja capaz de decidir elevando-se acima da cotidianidade. Kant buscava no imperativo categórico o critério formal desse comportamento. Na realidade, nenhum homem é capaz de atuar de tal modo que seu ato se converta em exemplo universal, já que todo homem atua sempre como indivíduo concreto e numa situação concreta. Mas o caráter paradigmático existe apesar de tudo, na medida em que se produz aquela elevação até o genericamente humano.

Temos de introduzir aqui, contudo, duas restrições. Por um lado, a elevação ao humano-genérico não significa jamais uma abolição da particularidade. Como se sabe, as paixões e sentimentos orientados para o "Eu" (para o Eu particular) não desaparecem, mas "apenas" se dirigem para o exterior, convertem-se em motor da realização do humano-genérico, ou então permanecem em suspenso – na medida em que inibem a ação moralmente motivada – enquanto duram as ações correspondentes. Por outro lado, uma decisão moral, no sentido aqui colocado, deve sempre ser considerada como uma *tendência*. Não é possível distinguir, de modo rigoroso e inequívoco, entre as decisões e ações cotidianas e aquelas moralmente motivadas. A maioria das ações e escolhas tem motivação heterogênea; as motivações particulares e as genérico-morais encontram-se e se unem, de modo que a elevação acima do particular-individual jamais se produz de maneira completa, nem jamais deixa de existir inteiramente, mas ocorre geralmente *em maior ou menor medida*. Não há "muralha chinesa" entre as esferas da cotidianidade e da moral. Apenas os moralistas utilizam motivações morais "puras" e, mesmo eles, o fazem mais na teoria que na realidade.

Não se pode falar de "muralha chinesa", antes de mais nada, pelo fato de que a herança moral do passado da humanidade e a exigência moral da época revelam-se ao homem até mesmo nos usos e normas consuetudinárias da cotidianidade, cuja assimilação pode se produzir de modo inteiramente espontâneo, sem nenhuma motivação moral.

Mas, ainda que essas normas contivessem motivos morais, a elevação acima da particularidade ou sua suspensão não anularia o próprio movimento, nem sua existência estaria em contradição com aquela "muda coexistência".

Os conflitos extremos e puramente morais se produzem nos casos em que a motivação moral torna-se determinante e seu impulso, sua finalidade e seu objeto são entendidos como instrumento de elevação do humano-genérico. O caso típico desse comportamento – ainda que não o único – é o serviço à comunidade. Mas o motivo moral manifesta-se igualmente quando, com nosso comportamento pessoal, representamos o comportamento "correto" do gênero humano (por exemplo, na atitude do estoico diante da morte natural). O caminho desse comportamento é a *escolha* (a decisão), *a concentração de todas as nossas forças na execução da escolha* (ou decisão) e a *vinculação consciente* com a situação escolhida e, sobretudo, com suas consequências. Numerosas etapas do "caminho" esboçado são também características das decisões semicotidianas, nas quais se realiza apenas parcialmente, ou nem mesmo parcialmente, a elevação ao humano-genérico, a suspensão da particularidade. A escolha e a aceitação das consequências, por exemplo, formam um só processo. Mas, na cotidianidade, não é possível concentrar *todas* as energias em *cada* decisão. Um comportamento de tal tipo estaria em contradição com a estrutura básica da cotidianidade. Também seria absurdo, de nossa parte, assumir conscientemente as consequências de uma escolha não praticada pelo indivíduo inteiro. O "ato de assumir" ou a aceitação são aqui mais ou menos passivos e combinam-se muito bem com a pergunta característica da particularidade: "E por que isso haveria de acontecer precisamente comigo?" O herói da escolha moral é seu próprio destino; e aquilo que lhe acontece só pode acontecer a ele. O cume da elevação moral acima da cotidianidade é a *catarse*. Na catarse, o homem torna-se consciente do humano-genérico de sua individualidade.

Em nenhuma esfera da atividade humana (e não apenas no caso da elevação moral), é possível traçar uma linha divisória rigorosa e rígida entre o comportamento cotidiano e o não cotidiano. (Estamos pensando, naturalmente, no caso dos comportamentos em que seja possível uma elevação consciente ao humano-genérico). Basta pensar na esfera política. Tampouco fazem parte da cotidianidade as escolhas e decisões do *amour passion*, por causa da intensidade com que se processam a escolha e a paixão; mas, uma vez convertido em costume e talvez mesmo em rotina, o amor pode novamente "dissolver-se" na cotidianidade.[6]

As formas de elevação acima da vida cotidiana que produzem *objetivações* duradouras são a *arte* e a *ciência*. Remetemo-nos, nesse contexto, à profunda análise realizada por Georg Lukács no capítulo introdutório de sua *Estética*[7] De acordo com essa análise, o reflexo artístico e o reflexo científico rompem com a tendência *espontânea* do pensamento cotidiano, *tendência orientada ao Eu individual-particular*. A arte realiza tal processo porque,

---

6. O conceito de "dissolução" não tem aqui sentido pejorativo, mas pretende apenas caracterizar a diferença entre cotidianidade e não cotidianidade.

7. Georg Lukács, *Werke*, vol. 11, *Àsthetik* I, t. 1, Luchterhand, Neuwied e Berlim, pp. 33-138. *Probleme der Widerspiegelung in Alltagsleben* [Problemas do reflexo na vida cotidiana].

graças à sua essência, é autoconsciência e memória da humanidade; a ciência da sociedade, na medida em que desantropocentriza (ou seja, deixa de lado a teologia referida ao homem singular); e a ciência da natureza, graças a seu caráter desantropomorfizador. Nem mesmo a ciência e a arte estão separadas da vida do pensamento cotidiano por limites rígidos, como podemos ver em vários aspectos. Antes de mais nada, o próprio cientista ou artista têm vida cotidiana: até mesmo os problemas que enfrentam através de suas objetivações e suas obras lhes são colocados, entre outras coisas (tão somente entre outros, decerto), pela vida. Artista e cientista têm sua particularidade individual enquanto homens da cotidianidade; essa particularidade pode se manter em suspenso durante a produção artística ou científica, mas *intervém* na própria objetivação através de determinadas mediações (na arte e nas ciências sociais, através da mediação da individualidade). Finalmente, toda obra significativa volta à cotidianidade e seu efeito sobrevive na cotidianidade dos outros.

O meio para essa superação dialética [*Aufhebung*] parcial ou total da particularidade, para sua decolagem da cotidianidade e sua elevação ao humano-genérico, é a *homogeneização*. Sabemos que a vida cotidiana é heterogênea, que solicita todas as nossas capacidades em várias direções, mas nenhuma capacidade com intensidade especial. Na expressão de Georg Lukács: é o "homem inteiro" [*ganze Mensch*] quem intervém na cotidianidade. O que significa homogeneização? Significa, por um lado, que concentramos toda nossa atenção *sobre uma única questão* e "suspenderemos" qualquer outra atividade durante a execução da anterior tarefa; e, por outro lado, que empregamos nossa *inteira individualidade humana* na resolução dessa tarefa. Utilizemos outra expressão de Lukács: transformamo-nos assim em um "homem inteiramente" [*Menschen ganz*]. E significa, finalmente, que esse processo não se pode realizar arbitrariamente, mas tão somente de modo tal que nossa particularidade individual se dissipe na atividade humano--genérica que escolhemos consciente e autonomamente, isto é, enquanto indivíduos.

Apenas quando esses três fatores se verificam conjuntamente é que podemos falar de uma homogeneização que se eleva totalmente acima da cotidianidade para penetrar na esfera do humano-genérico. O tipo de homogeneização que só apresenta o primeiro fator, ou seja, a concentração em uma única tarefa concilia-se ainda perfeitamente com a cotidianidade, fazendo parte orgânica da mesma. Quando, por exemplo, temos de assimilar um novo movimento no trabalho, não podemos "pensar em outra coisa" enquanto trabalhamos, como acontece, ao contrário, no exercício de movimentos já assimilados, convertidos em algo mecânico; nesse caso, portanto, suspendemos qualquer outra atividade. E, quando examinamos uma pessoa para qualificá-la em algum campo profissional, também homogeneizamos espontaneamente, pois fazemos abstração das demais propriedades da pessoa que temos diante de nós e encaramo-la tão somente sob o aspecto de sua adequação ou inadequação para a prática de um determinado trabalho. Mas, nesse caso, a concentração – a momentânea homogeneização – não tem consequências posteriores para nós.

É evidente que em tal tipo de homogeneização não atuou toda nossa inteira individualidade; por isso, a concentração não implica numa suspensão de nossa particularidade. Mas os atos de decisão podem igualmente ocorrer num plano "superior", que ultrapasse em maior ou menor medida a cotidianidade. Por exemplo: quando um camponês começa a trabalhar numa fábrica e a assimilação dos movimentos do trabalho vai decidir se ele é ou não adequado para o trabalho industrial, se poderá ou não abandonar para sempre a sua aldeia, trata-se de uma prova cujos efeitos destinam-se a afetar toda a sua vida; durante o exame a que for submetido, portanto, poderão produzir-se conflitos, até mesmo conflitos morais. Em casos desse tipo, o "Eu" desempenha um papel decisivo na ação e a decisão torna-se, em maior ou menor medida, função da individualidade. Decisões desse tipo já transformam, mais ou menos amplamente, o homem inteiro, apresentando efeitos posteriores: embora ainda sem predominar, manifesta-se já a homogeneização que abre caminho para o humano-genérico; nesse ponto, tem início a "saída" da cotidianidade, sem chegar a consumar-se. A maioria das decisões que tomamos em nossa vida – a maioria das decisões fáticas – realiza-se nesse plano.

A homogeneização em direção ao humano-genérico, a completa suspensão do particular-individual, a transformação em "homem inteiramente", é algo totalmente *excepcional* na maioria dos seres humanos. Nem sequer nas épocas ricas em grandes comoções sociais existem muitos pontos críticos desse tipo na vida do homem médio. A vida de muitos homens chega ao fim sem que se tenha produzido *nem um só* ponto crítico semelhante. A homogeneização em direção ao humano-genérico só deixa de ser excepcional, um caso singular, naqueles indivíduos *cuja paixão dominante se orienta para o humano-genérico e, ademais, quando tem a capacidade de realizar tal paixão.* Esse é o caso dos grandes e exemplares moralistas, dos estadistas (revolucionários), dos artistas e dos cientistas. De resto, a respeito do grande estadista, do revolucionário profissional, do grande artista, do grande cientista, deve-se afirmar que não apenas sua paixão principal, mas também seu *trabalho principal,* sua *atividade básica,* promovem a elevação ao humano-genérico e a implicam em si mesmos. Por isso, para tais pessoas, a homogeneização em "homem inteiramente" é elemento necessário de sua essência, da atividade básica de suas vidas.

Mas não se deve esquecer que o artista, o cientista, o estadista não vivem constantemente nessa tensão. Possuem também, como todos os outros homens, uma vida cotidiana; o particular-individual manifesta-se neles, tal como nos demais homens. Tão somente durante as fases produtivas essa particularidade é suspensa; e, quando isso ocorre, tais indivíduos se convertem, através da mediação de suas individualidades, em representantes do gênero humano, aparecendo como protagonistas do processo histórico global. O estadista que deve convencer as pessoas do seu meio, a multidão, e levá-las consigo à ação, ou que tem de influir nos soldados para que tendam a um determinado objetivo, ou de resolver situações complicadas prevendo suas consequências, esse estadista eleva-se acima de si mesmo, deixa-se levar (por assim dizer) por sua força "invisível" que, com frequência, chama-se de inspiração, mas que é

ESTRUTURA DA VIDA COTIDIANA | 51

tão somente a força elevadora da decisão humano-genérica. O artista parece guiado por uma mão "invisível", de tal modo que produz em sua obra algo diverso daquilo que se propunha produzir; é arrastado pela força da objetividade, que extirpa da sua criação tudo aquilo que, em seu projeto, pertencia ainda ao individual-particular.

Não podemos aqui estudar detalhadamente a estrutura da vida cotidiana. Vamos nos limitar a aludir a alguns momentos dessa estrutura que apresentem importância para os desenvolvimentos subsequentes.

A característica dominante da vida cotidiana é a *espontaneidade*. É evidente que nem *toda* atividade cotidiana é espontânea no *mesmo* nível, assim como tampouco uma mesma atividade apresenta-se como identicamente espontânea em situações diversas, nos diversos estágios de aprendizado. Mas, em todos os casos, a espontaneidade é a *tendência* de toda e qualquer forma de atividade cotidiana. A espontaneidade caracteriza tanto as motivações particulares (e as formas particulares de atividade) quanto as atividades humano-genéricas que nela têm lugar. O ritmo fixo, a repetição, a rigorosa regularidade da vida cotidiana (que se rompem quando se produz a elevação acima da cotidianidade) não estão absolutamente em contradição com essa espontaneidade; ao contrário, implicam-se mutuamente. A assimilação do comportamento consuetudinário, das exigências sociais e dos modismos, a qual, na maioria dos casos, é uma assimilação não tematizada, já exige para sua efetivação a espontaneidade. Pois, se nos dispuséssemos a refletir sobre o conteúdo de verdade material ou formal de cada uma de nossas formas de atividade, não poderíamos realizar nem sequer uma fração das atividades cotidianas imprescindíveis; e, assim, tornar-se-iam impossíveis a produção e a reprodução da vida da sociedade humana. Mas a espontaneidade não se expressa apenas na assimilação do comportamento consuetudinário e do ritmo da vida, mas também no fato de que essa assimilação faz-se acompanhar por motivações *efêmeras*, em constante alteração, em permanente aparecimento e desaparecimento. Na maioria das formas de atividade da vida cotidiana, as motivações do homem não chegam a se tornar típicas, ou seja, as motivações, em permanente alteração, estão muito longe de expressar a totalidade, a essência do indivíduo. O mesmo pode ser dito da maioria das motivações explicitamente formuladas, embora em menores proporções que no caso das motivações "mudas".

Na vida cotidiana, o homem atua sobre a base da *probabilidade*, da possibilidade: entre suas atividades e as consequências delas, existe uma relação objetiva de probabilidade. Jamais é possível, na vida cotidiana, calcular com segurança científica a consequência possível de uma ação. Nem tampouco haveria tempo para fazê-lo na múltipla riqueza das atividades cotidianas. Ademais, isso nem mesmo é necessário: no caso médio, a ação pode ser determinada por avaliações probabilísticas suficientes para que se alcance o objetivo visado. Os conceitos de caso "médio" e segurança "suficiente" apresentam, nesse contexto, a mesma importância. O primeiro indica o fato de que são perfeitamente possíveis casos em que fracassam as considerações probabilísticas. Nesses casos, podemos falar de *catástrofes da vida cotidiana*. Considerações probabilísticas utilizamos, por exemplo, ao cruzar a rua: jamais calculamos com exatidão nossa velocidade e aquela dos veículos. *Até agora* nunca fomos parar debaixo de um carro, embora isso possa ocorrer; mas se, antes de atravessarmos, resolvêssemos realizar cálculos cientificamente suficientes, jamais chegaríamos a nos mover. Também o conceito de "suficiência" indica uma fronteira dúplice. Significa que, na cotidianidade, podemos efetivamente nos orientar e atuar com a ajuda de avaliações probabilísticas, na medida em que, abaixo dessa linha, na esfera da mera possibilidade, *ainda não* podemos consegui-lo e, por cima da correspondente fronteira superior, na esfera da segurança científica, *já não mais o* necessitamos. Decerto, essa situação implica no risco da ação baseada na probabilidade; mas não se trata de um risco autonomamente assumido, e sim de um risco imprescindível e necessário para a vida. Precisamente nisso ele se diferencia dos riscos da individualidade, que são riscos morais.

Já a existência dessa ação realizada sobre a base da probabilidade indica o *economicismo* da vida cotidiana. *Toda* categoria da ação e do pensamento manifesta-se e funciona exclusivamente enquanto é imprescindível para a simples continuação da cotidianidade; normalmente, não se manifesta com profundidade, amplitude ou intensidade especiais, pois isso destruiria a rígida "ordem" da cotidianidade. E, quando efetivamente se manifesta com maior intensidade, dissolve fatalmente essa ordem, tanto nos casos em que tende "para cima", elevando-nos ao humano-genérico, fato que jamais pode caracterizar a totalidade de nossa vida, quanto naqueles em que tende "para baixo", a ponto de – como aconteceu a Oblomov – incapacitar-nos para a vida.

O pensamento cotidiano orienta-se para a realização de atividades cotidianas e, nessa medida, é possível falar de unidade *imediata* de pensamento e ação na cotidianidade. As ideias necessárias à cotidianidade jamais se elevam ao plano da teoria, do mesmo modo como a atividade cotidiana não é práxis. A atividade prática do indivíduo só se eleva ao nível da práxis quando é *atividade humano-genérica consciente*; na unidade viva e muda de particularidade e genericidade, ou seja, na cotidianidade, a atividade individual não é mais do que uma *parte* da práxis, da ação total da humanidade que, construindo a partir do dado, produz algo novo, sem com isso transformar em novo o já dado.

A unidade imediata de pensamento e ação implica na inexistência de diferença entre "correto" e "verdadeiro" na cotidianidade; o correto é também "verdadeiro". Por conseguinte, a atitude da vida cotidiana é absolutamente pragmática.

Todavia, deve-se esclarecer e complementar essa afirmação acerca da igualdade de correto e verdadeiro na vida cotidiana. O pensamento cotidiano apresenta-se repleto de pensamentos fragmentários, de material cognoscitivo e até de juízos que nada têm a ver com a manipulação das coisas ou com nossas objetivações coisificadas, mas que *se referem exclusivamente a nossa orientação social*. Na manipulação das coisas ou de nossas objetivações coisificadas, a identificação espontânea do "correto" e do "verdadeiro" é a problemática (pelo menos no plano da vida cotidiana, pois aqui não falamos da ciência). Mas essa aproblematicidade termina quando utilizamos o "correto" para avaliar a possibilidade de nos movermos num meio determinado e de movermos esse mesmo meio determinado. Nesse caso, o correto é verdade tão somente na medida em que, com sua ajuda, pudermos prosseguir na cotidianidade com os menores atritos possíveis. Isso nada significa com relação ao *conteúdo veritativo objetivo* (*independente de nossa atividade individual*) do pensamento ou do juízo em questão. (Naturalmente, a atividade individual é aqui muito poucas vezes *completamente* individual; em geral, é uma projeção das aspirações e dos interesses de uma camada ou classe social). Até mesmo os juízos e pensamentos objetivamente menos verdadeiros podem resultar corretos na atividade social, quando representarem os interesses da camada ou classe a que pertence o indivíduo e, desse modo, facilitarem a esse a orientação ou a ação correspondente às exigências cotidianas da classe ou camada em questão. É indiscutível que uma ação correspondente aos interesses de uma classe ou camada pode se elevar ao plano da práxis, mas nesse caso superará o da cotidianidade; a teoria da cotidianidade, nesses casos, converte-se em *ideologia*, a qual assume uma certa independência relativa diante da práxis cotidiana, ganha vida própria e, consequentemente, coloca-se em relação primordial não com a atividade cotidiana mas com a práxis. Não será demais repetir aqui que não existe nenhuma "muralha chinesa" entre a atividade cotidiana e a práxis não cotidiana ou o pensamento não cotidiano, mas existem infinitos tipos de transição.

Deduz-se, do exposto, que a fé e a confiança desempenham na vida cotidiana um papel muito mais importante que nas demais esferas da vida. Isso não significa, de modo algum, que a fé e a confiança sejam aqui *mais intensas* que em outros campos: a fé religiosa costuma ser mais intensa e mais incondicional, assim como a confiança tem significação mais intensa e emocionalmente maior na ética ou na atividade política. O que queremos dizer é que esses dois sentimentos "ocupam mais espaço" na cotidianidade, que sua função mediadora torna-se necessária em maior número de situações. Os homens não podem dominar o *todo* com um golpe de vista em nenhum aspecto da realidade; por isso, o conhecimento dos contornos básicos da verdade requer confiança (em nosso método científico, na cognoscibilidade da realidade, nos resultados científicos de outras pessoas etc.). Na cotidianidade, o conhecimento se limita ao aspecto relativo da atividade, e, por isso, o "espaço" da confiança e da fé é inteiramente diverso. Ao astrônomo, não basta ter fé em que a Terra gira em redor do Sol; mas, na vida cotidiana, essa fé é plenamente suficiente. Não basta ao médico acreditar na ação terapêutica de um remédio, mas essa fé é suficiente para o enfermo (e precisamente na base de uma simples fé posta no médico ou na medicina, com maior ou menor fundamento empírico). Esses exemplos já são suficientes para indicar que não estamos aqui em face de contradições insolúveis, mas de modos de comportamento "relacionados entre si". Quando o médico atua na base da confiança (coisa que ocorre frequentemente), está atuando na base da cotidianidade. E, em troca, quando num dado momento da vida cotidiana – o indivíduo começa a refletir acerca de uma superstição que compartilhava, ou de uma tese que assimilou da integração de que faz parte, passando a supor que nem uma nem outra são aceitáveis porque contradizem a experiência, e, logo após, começa a examinar o objeto posto em questão comparando-o com a realidade, para terminar recusando-o, em tal momento o referido indivíduo elevou-se acima do decurso habitual do pensamento cotidiano, ainda que apenas em tal momento.

Temos falado de fé e de confiança, até aqui, de modo global. Neste contexto, não podemos analisar a questão da diferença entre esses afetos, a qual se manifesta apesar da frequente comunidade de função dos mesmos; limitar--nos-emos a precisar que a *confiança é um afeto do indivíduo inteiro* e, desse modo, mais acessível à experiência, à moral e à teoria do que a fé, que se enraíza sempre no individual--particular.

Dado que o pensamento cotidiano é pragmático, cada uma de nossas atividades cotidianas faz-se acompanhar por uma certa fé ou uma certa confiança. Não há lugar para a fé quando está em jogo a "justeza" da manipulação ou da objetivação coisificada; em princípio, basta a experiência para realizar as correções necessárias. Depende da totalidade, da individualidade do homem e da situação social dada qual será o afeto fundamental do movimento no meio social, no qual a unidade de correto e verdadeiro manifesta-se de modo mais problemático.

O característico do pensamento cotidiano é a *ultrageneralização*, seja em suas formas "tradicionais", seja como consequência da experiência individual. Os juízos ultrageneralizadores são todos eles *juízos provisórios* que a prática confirma ou, pelo menos, não refuta, durante o tempo em que, baseados neles, formos capazes de atuar e de nos orientar. Se o afeto "confiança" adere a um juízo provisório, não representa nenhum "preconceito" o fato de se ter "apenas" juízos provisórios ultrageneralizados; como vimos, nem sequer é possível formular a exigência, tanto no começo quanto durante a ação, de juízos mais precisos, sob pena de perdermos a capacidade de ação. Mas, quando já não se trata da orientação na vida cotidiana e sim de nossa inteira individualidade de nossa integridade moral e de seu desenvolvimento superior, caso em que só podemos operar com juízos provisórios pondo em risco essa integridade, então deveremos ter a capacidade de abandoná-los ou modificá-los. Isso poderá ser feito quando o juízo se apoiar na confiança, mas não quando se basear na fé. Os juízos provisórios que se enraízam na particularidade e, por conseguinte, se baseiam na fé são *pré-juízos* ou *preconceitos*.[8]

Os juízos provisórios (e os preconceitos) são meros exemplos particulares de ultrageneralização. Pois é característico da vida cotidiana em geral o *manejo grosseiro do "singular"*. Sempre reagimos a situações singulares, respondemos a estímulos singulares e resolvemos problemas singulares. Para podermos reagir, temos de subsumir o singular, do modo mais rápido possível, sob alguma universalidade; temos de *organizá-lo* em nossa atividade cotidiana, no conjunto de nossa atividade vital; em suma, temos de *resolver* o problema. Mas não temos tempo para

---

8. Estudei detalhadamente os preconceitos no livro *Tarsadalmi nerep és* [Papel social e preconceitos], publicado em húngaro pela Akadémiai Kiadó, 1996.

ESTRUTURA DA VIDA COTIDIANA | 59

examinar todos os aspectos do caso singular, nem mesmo os decisivos: temos de situá-lo o mais rapidamente possível sob o ponto de vista da tarefa colocada. E isso só se torna possível graças à ajuda dos vários tipos de ultrageneralização. É assim, por exemplo, que se recorre à *analogia*. É através dela que, principalmente, funciona o nosso conhecimento cotidiano do homem, sem o qual não poderíamos sequer nos orientar; classificamos em algum tipo já conhecido por experiência o homem que agora queremos conhecer sob algum aspecto importante para nós e essa classificação por tipos permite nossa orientação. Tão somente *a posteriori* torna-se "evidente" na prática que podemos dissolver aquela analogia e conhecer o fenômeno singular – nesse caso, o homem em questão – em sua concreta totalidade e, assim, avaliá-lo e compreendê-lo. Decerto, o juízo provisório de analogia pode se cristalizar em preconceito; pode ocorrer que já não prestemos atenção a nenhum fato posterior que contradiga abertamente nosso juízo provisório, tanto podemos nos manter submetidos à força de nossas próprias tipificações, de nossos preconceitos. Desse modo, o juízo provisório analógico é inevitável no conhecimento cotidiano dos homens, mas está exposto ao perigo da cristalização (fossilização); e, embora inicialmente o tratamento grosseiro do singular não seja prejudicial, pode converter-se num dano irreparável se se conserva após ter cumprido sua função. Pode tratar-se de um erro moral, caso em que a orientação na vida cotidiana não será "perturbada"; mas também pode ser um erro capaz de acarretar uma das catástrofes da vida cotidiana.

Algo parecido ocorre no caso do uso dos *precedentes*. O precedente tem mais importância para o conhecimento da situação que para o conhecimento das pessoas. É um "indicador" útil para nosso comportamento, para nossa atitude. ("Outros agiram nessa situação em que me encontro desse ou daquele modo", "já havia exemplos disso" etc.) Sem essa atitude, nós nos veremos constantemente na situação do asno de Buridan. Por isso, em princípio, não se trata de um "mal". Essa atitude tem efeitos negativos, ou mesmo destrutivos, apenas quando nossa percepção do precedente nos impede de captar o novo, irrepetível e único de uma situação.

Não há vida cotidiana sem *imitação*. Na assimilação do sistema consuetudinário, jamais procedemos meramente "segundo preceitos", mas imitamos os outros; sem mimese, nem o trabalho nem o intercâmbio seriam possíveis. Como sempre, o problema reside em saber se somos capazes de produzir um campo de liberdade individual de movimentos *no interior* da mimese, ou, em caso extremo, de *deixar de lado* completamente os costumes miméticos e configurar novas atitudes. Naturalmente, existem na vida cotidiana setores nos quais não é necessária a individualização da mimese, bem como épocas nas quais ela se torna supérflua; ademais, os tipos e os graus de individualização são necessariamente diversos nas várias esferas vitais, nas diferentes épocas e situações.

A *entonação* tem uma grande importância na vida cotidiana, tanto na configuração de nosso tipo de atividade e de pensamento quanto na avaliação dos outros, na comunicação etc. O aparecimento de um indivíduo em dado meio

ESTRUTURA DA VIDA COTIDIANA | 61

"dá o tom" do sujeito em questão, produz uma atmosfera tonal específica em torno dele e que continua depois a envolvê-lo. A pessoa que não produz essa entonação carece de individualidade, ao passo que a pessoa incapaz de percebê-la é insensível a um aspecto importantíssimo das relações humanas. Mas conservar-se preso a essa realidade tonal seria outro tipo de ultrageneralização, mais no terreno emocional, nesse caso, que naquele dos juízos. Talvez fosse possível aplicar a esse fenômeno o termo "preconceito emocional". O fenômeno apresenta-se frequentemente ligado ao preconceito baseado na ultrageneralização.

Todos esses momentos característicos do comportamento e do pensamento cotidianos formam uma conexão necessária, apesar do caráter aparentemente casual da "seleção" em que aqui se apresentam. Todos têm em comum o fato de serem necessários para que o homem seja capaz de viver na cotidianidade. *Não há vida cotidiana sem espontaneidade, pragmatismo, economicismo, andologia, precedentes, juízo provisório, ultrageneralização, mimese e entonação.* Mas as formas necessárias da estrutura e do pensamento da vida cotidiana não devem *se cristalizar em absolutos*, mas têm de deixar ao indivíduo uma margem de movimento e possibilidades de explicitação. (Isso tem grande importância para o que diremos mais adiante.) Se essas formas se absolutizam, deixando de possibilitar uma margem de movimento, encontramo-nos diante da alienação da vida cotidiana.

Deve-se afirmar, antes de mais nada, que alienação é *sempre alienação em face de alguma coisa* e, mais precisamente, *em face das possibilidades concretas de desenvolvimento ge-*

nérico da humanidade. A mimese do mesmo tipo, fenômeno generalizado na época em que ainda não se havia desenvolvido o indivíduo moderno, mas presente formalmente também em nossos dias, nas mesmas proporções, deve ser entendida como produto da alienação apenas nesse último caso, pois as possibilidades configuradas na humanidade a partir daquele então exigem já uma orientação amplamente individual.

A vida cotidiana, de todas as esferas da realidade, é aquela que *mais se presta à alienação.* Por causa da coexistência "muda", em-si, de particularidade e genericidade, a atividade cotidiana pode ser atividade humano-genérica não consciente, embora suas motivações sejam, como normalmente ocorre, efêmeras e particulares. Na cotidianidade, parece "natural" a desagregação, a separação de ser e essência. Na coexistência e sucessão heterogêneas das atividades cotidianas, não há por que revelar-se nenhuma individualidade unitária; o homem devorado por e em seus "papéis" pode orientar-se na cotidianidade através do simples cumprimento adequado desses "papéis". A assimilação espontânea das normas consuetudinárias dominantes pode converter-se por si mesma em conformismo, na medida em que aquele que as assimila é um indivíduo sem "núcleo"; e a particularidade que aspira a uma "vida boa" sem conflitos reforça ainda mais esse conformismo com a sua fé.

Mas a estrutura da vida cotidiana, embora constitua indubitavelmente um terreno propício à alienação, *não é de nenhum modo necessariamente alienada.* Sublinhemos, mais uma vez, que as formas de pensamento e comportamento produzidas nessa estrutura podem perfeitamente deixar ao indivíduo uma margem de movimento e possibilidades de explicitação, permitindo-lhe – enquanto unidade consciente do humano-genérico e do individual-particular – uma condensação "prismática", por assim dizer, da experiência da cotidianidade, de tal modo que essa possa manifestar-se como essência unitária das formas heterogêneas de atividades próprias da cotidianidade e nelas objetivar-se. Nesse caso, o ser e a essência não se apresentam separados e as formas de atividade da cotidianidade não aparecem como formas alienadas, na proporção em que tudo isso é possível para os indivíduos de uma dada época e no plano máximo da individualidade – e, por conseguinte, de desenvolvimento do humano-genérico – característico de tal época. Quanto maior for a alienação produzida pela estrutura econômica de uma dada sociedade, tanto mais a vida cotidiana irradiará sua própria alienação para as demais esferas.

Existe alienação quando ocorre um abismo entre o desenvolvimento humano-genérico e as possibilidades de desenvolvimento dos indivíduos humanos, entre a produção humano-genérica e a participação consciente do indivíduo nessa produção. Esse abismo não teve a mesma profundidade em todas as épocas nem para todas as camadas sociais; assim, por exemplo, fechou-se quase completamente nas épocas de florescimento da polis ática e do Renascimento italiano; mas, no capitalismo moderno, aprofundou-se desmesuradamente. Ademais, tal abismo jamais foi inteiramente insuperável para o indivíduo isolado: em todas as épocas, sempre houve um número maior ou menor de pessoas que, com ajuda de seu talento, de sua situação, das grandes constelações históricas, conseguiu superá-lo. Mas, para a massa, para o grande número dos demais, subsistiu o abismo, quer quando era muito profundo, quer quando mais superficial.

Como dissemos, o moderno desenvolvimento capitalista exacerbou ao extremo essa contradição. Por isso, a estrutura da cotidianidade alienada começou a expandir-se e a penetrar em esferas onde não é necessária, nem constitui uma condição prévia da orientação, mas nas quais aparece até mesmo como obstáculo para essa última.

Não se trata de afirmar que as categorias da cotidianidade sejam alheias às esferas não cotidianas. Basta aludir à função desempenhada pelos precedentes na atividade política, pela analogia na comparação científica e artística, pela mimese ou pela entonação na arte. Mas essa limitada comunidade ou universalidade de categorias jamais significou uma identidade estrutural com, ou uma assimilação pelas, formas de atividade e conteúdos da cotidianidade. Em troca, a ciência moderna, ao colocar-se sobre fundamentos pragmáticos, "absorve", assimila a estrutura cotidiana; e, quando a arte moderna decide escolher como temas as efêmeras motivações e resolve fazer abstração da essência da vida humana, da constante oscilação e da interação entre a cotidianidade e a não cotidianidade, a cotidianidade absorve inclusive a arte. A aludida estrutura, que na cotidianidade não aparece como um fenômeno de alienação, é necessariamente manifestação de alienação na arte, na ciência, nas decisões morais e na política. E é evidente, com efeito, que a estrutura cotidiana só começa a expandir-se "para cima" quando ela própria já é alienada.

ESTRUTURA DA VIDA COTIDIANA | 65

Repetimos: a vida cotidiana não é alienada necessariamente em consequência de sua estrutura, mas apenas em determinadas circunstâncias sociais. Em todas as épocas, existiram personalidades representativas que viveram numa cotidianidade não alienada; e, dado que a estruturação científica da sociedade possibilita o final da alienação, essa possibilidade encontra-se aberta a qualquer ser humano.

Mas isso não significa, de nenhum modo, que a vida de qualquer homem torne-se humano-genérica em sua atividade principal no trabalho e nas objetivações. Humanização da vida cotidiana não quer dizer que os homens vão receber a inteligência de Planck, a mão de Menuhin ou as capacidades políticas de Lênin. Trata-se de algo que pode ser expresso com as palavras de Goethe: todo homem pode ser completo, inclusive na cotidianidade. Mas de que modo?

Sabemos que a vida cotidiana tem sempre uma hierarquia espontânea determinada pela época (pela produção, pela sociedade, pelo posto do indivíduo na sociedade).

Essa hierarquia espontânea possibilita à individualidade uma margem de movimento diferente em cada caso. Na época iniciada com a explicitação da sociedade burguesa, essa margem se ampliou, pelo menos em princípio. Possibilidades sempre existiram; mas, a partir do momento em que a relação de um homem com sua classe tornou-se "casual" (Marx), aumentou para todo homem a possibilidade de *construir para si uma hierarquia consciente, ditada por sua própria personalidade, no interior da hierarquia espontânea*. Contudo, as mesmas relações e situações sociais que criaram essa nova possibilidade impediram, no essencial, seu desenvolvimento; no momento da superação dialética do conjunto da sociedade, ou seja, com o fim da alienação, poder-se-á contar com a máxima explicitação daquela possibilidade. Ainda com as palavras de Goethe, podemos chamar de "condução da vida" (*Lebensführung*) a construção dessa hierarquia da cotidianidade efetuada pela individualidade consciente.

"Condução da vida", portanto, não significa abolição da hierarquia espontânea da cotidianidade, mas tão somente que a "muda" coexistência da particularidade e da genericidade é substituída pela relação consciente do indivíduo com o humano-genérico e que essa atitude – *que é, ao mesmo tempo, um "engagement" moral, de concepção do mundo, e uma aspiração à autorrealização e à autofruição da personalidade* "ordena" as várias e heterogêneas atividades da vida. A condução da vida supõe, para cada um, uma vida própria, embora se mantendo a estrutura da cotidianidade; cada qual deverá *apropriar-se* a seu modo da realidade e impor a ela a marca de sua personalidade. É claro que a condução da vida é sempre apenas uma tendência de realização mais ou menos perfeita. E é condução da vida porque sua perfeição é função da individualidade do homem e não de um dom particular ou de uma capacidade especial.

Como vimos, a condução da vida não pode se converter em possibilidade social universal a não ser quando for abolida e superada a alienação. Mas não é *impossível* empenhar-se na condução da vida mesmo enquanto as condições gerais econômico-sociais ainda favorecem a alienação. Nesse caso, a condução da vida torna-se *representativa*, significa um desafio à desumanização, como ocorreu no estoicismo ou no epicurismo. Nesse caso, a "ordenação" da cotidianidade é um fenômeno nada cotidiano: o caráter representativo, "provocador", excepcional, *transforma a própria ordenação da cotidianidade numa ação moral e política.*

SOBRE OS PRECONCEITOS

O PRECONCEITO é a categoria do pensamento e do comportamento cotidianos. Os preconceitos sempre desempenharam uma função importante também em esferas que, por sua universalidade, encontram-se acima da cotidianidade; mas não procedem essencialmente dessas esferas, nem aumentam sua eficácia; ao contrário, não só a diminuem como obstaculizam o aproveitamento das possibilidades que elas comportam. Quem não se liberta de seus preconceitos artísticos, científicos e políticos acaba fracassando, inclusive pessoalmente.

Por isso, devemos nos aproximar da compreensão dos preconceitos partindo da esfera da cotidianidade. São traços característicos da vida cotidiana: o caráter momentâneo dos efeitos, a natureza efêmera das motivações e, a fixação repetitiva do ritmo, a rigidez do modo de vida. De forma análoga, é o pensamento cotidiano um pensamento fixado na experiência, empírico e, ao mesmo tempo, ultrageneralizador. Quando falamos aqui em "pensamento", não queremos nos referir à teoria. O pensamento cotidiano implica também em comportamento.

De duas maneiras chegamos à ultrageneralização característica de nosso pensamento e de nosso comportamento cotidianos: por um lado, *assumimos* estereótipos, analogias e esquemas já elaborados; por outro, eles nos são *"impingidos"* pelo meio em que crescemos e pode-se passar muito tempo até percebermos com atitude crítica esses esquemas recebidos, se é que chega a produzir-se uma tal atitude, Isso depende da época e do indivíduo. Em períodos estáticos, passam-se frequentemente inteiras gerações sem que se problematizem os estereótipos de comportamento e pensamento. Em épocas dinâmicas, esses elementos podem tornar-se problemáticos até mesmo várias vezes em uma só geração. Além disso, a problematização é mais lenta e infrequente em caracteres inclinados para o conformismo do que em indivíduos dinâmicos e críticos. A tradição não é sempre a fonte da ultrageneralização, que pode se basear também na experiência pessoal; e a atitude que se contrapõe ao sistema estereotipado tradicional pode conter ultrageneralizações análogas à do próprio sistema ao qual se opõe.

A ultrageneralização é inevitável na vida cotidiana. Cada uma de nossas atitudes baseia-se numa avaliação probabilística. Em breves lapsos de tempo, somos obrigados a realizar atividades tão heterogêneas que não poderíamos viver se nos empenhássemos em fazer com que nossa atividade dependesse de conceitos fundados cientificamente.

Mas o grau de ultrageneralização nem sempre é o mesmo. A rigidez das formas de pensamento e comportamento cotidianos é apenas relativa, ou seja, pode se modificar lentamente na atividade permanente e, com efeito, geralmente se modifica. Toda ultrageneralização é um *juízo provisório* ou uma *regra provisória de comportamento: provisória* porque se antecipa à atividade possível e nem sempre, muito pelo contrário, encontra confirmação no infinito processo da prática. Diferentemente do que ocorre com os juízos cotidianos, os juízos científicos consideram-se provisórios apenas até o momento em que, num determinado estágio evolutivo da ciência, as hipóteses comprovam-se como verdades, sendo confirmadas. Isso torna necessária uma rememoração da ambivalência contida no conceito de "saber". O que na ciência é apenas opinião pode corretamente considerar-se como saber na vida cotidiana, já que é critério da ação e já que a ação cotidiana comprova o conteúdo correto do juízo em que se baseia aquele saber. Voltemos, portanto, aos juízos e aos esquemas de comportamento da cotidianidade: esses juízos e esquemas são sempre provisórios, por causa, precisamente, do caráter de *doxa* que é próprio do saber cotidiano. Mas o "caráter provisório" não diminui absolutamente a verdade de nossa afirmação segundo a qual os juízos provisórios podem se alterar e modificar na atividade social e individual: seu caráter provisório conserva-se na própria alteração.

Do acima estabelecido, podemos inferir que a maior parte dos juízos provisórios não são preconceitos. O preconceito é um tipo particular de juízo provisório; e, para entender sua origem, temos de considerar uma outra propriedade da estrutura da vida cotidiana.

Pensamos no pragmatismo dessa estrutura. A vida cotidiana caracteriza-se pela *unidade imediata* de pensamento e ação. Mas devemos acrescentar a essa caracterização que o pensamento cotidiano não é jamais teoria, assim como a

SOBRE OS PRECONCEITOS | 71

atividade cotidiana nunca é práxis. Na teoria e na práxis, dominam finalidades e conteúdos que representam o humano-genérico; ambos promovem o desenvolvimento humano-genérico e produzem novidades em seu estado. A vida cotidiana pode ser fonte, exemplo, ponto de partida para a teoria, como ocorreu no caso do chamado *"common sense"*; pode igualmente ter certa participação não consciente na práxis, sobretudo na atividade do trabalho. Mas de modo algum pode se falar, nesse caso, de identidade.

A unidade imediata de pensamento e ação se expressa também no fato de que, na vida cotidiana, identificam-se o *verdadeiro* e o *correto*. O que revela ser correto, útil, o que oferece ao homem uma base de orientação e de ação no mundo, o que conduz ao êxito, é também "verdadeiro".

Voltemos agora à ultrageneralização. Ela pode ser correta ou falsa. Uma ultrageneralização é correta quando corresponde ao objetivo dado, cuja realização promove; e falsa quando não podemos nos afirmar através dela, quando sua orientação nos leva ao "fracasso". Isso ocorre nas "catástrofes" da vida cotidiana. Quando se trata da relação entre o homem e a natureza (na objetivação, no consumo, ou na ampla escala de atividades que envolvem a produção e o consumo), a coincidência do verdadeiro com o correto não pode absolutamente tornar-se problemática. Se generalizarmos incorretamente, a própria atividade nos corrigirá: o produto que fabricarmos será de má qualidade, ficaremos doentes por termos comido alguma coisa inadequada etc. Teremos de alterar imediatamente nossa conduta e formar um novo juízo provisório a fim de nos orientarmos corretamente no meio ambiente.

A estrutura pragmática da vida cotidiana tem consequências mais problemáticas quando se coloca em jogo a orientação nas relações sociais. Na maioria das vezes, embora decerto nem sempre, o homem costuma orientar-se num complexo social dado através das normas, dos estereótipos (e, portanto, das ultragaeneralizações), de sua integração primária (sua classe, camada, nação). No maior número dos casos, é precisamente a assimilação dessas normas que lhe garante o êxito. Essa é a raiz do conformismo. Todo homem necessita, inevitavelmente, de uma certa dose de conformidade. Mas essa conformidade converte-se em conformismo quando o indivíduo não aproveita as possibilidades individuais de movimento, objetivamente presentes na vida cotidiana de sua sociedade, caso em que as motivações de conformidade da vida cotidiana penetram nas formas não cotidianas de atividade, sobretudo nas decisões morais e políticas, fazendo com que essas percam o seu caráter de decisões individuais. No mais das vezes, essas duas manifestações de conformismo aparecem juntas.

A possibilidade, ou mesmo probabilidade, de comportamento conformístico emprestam à unidade do verdadeiro e do correto nas relações sociais um conteúdo bastante diverso daquele que apresenta na atividade do trabalho. O que, na vida cotidiana, desejamos da atividade laborativa é que ela nos facilite, com o menor esforço possível, a participação na reprodução social; o "mínimo esforço", nesse caso, identifica-se com as "necessidades normais" do indivíduo. Essa mesma norma do "mínimo esforço", que promove uma integração sem conflitos com os interesses de nossa integração social, pode "poupar" pensamento

SOBRE OS PRECONCEITOS | 73

individual e decisão individual inclusive em campos nos quais essa individualidade é não apenas possível mas necessária, com o que se chega a apresentar como correto algo que de nenhum modo é verdadeiro: pode, portanto, basear-se num juízo provisório falso. Que é, nesse caso, um juízo provisório falso? É um juízo provisório que poderíamos corrigir mediante a experiência, o pensamento, o conhecimento e a decisão moral individual, mas que não corrigimos porque isso perturbaria o êxito, a "correção" evidente, ainda que não moral.

Os juízos provisórios refutados pela ciência e por uma experiência cuidadosamente analisada, mas que se conservam inabalados contra todos os argumentos da razão, são preconceitos. Até agora, impõe-se-nos a conclusão de que os preconceitos – pelo menos parcialmente – são produtos da vida e dos pensamentos cotidianos. Vamos agora estudar suas raízes antropológicas.

Temos sempre uma fixação *afetiva no preconceito*. Por isso, era ilusória a esperança dos iluministas de que o preconceito pudesse ser eliminado à luz da esfera da razão. Dois diferentes afetos podem nos ligar a uma opinião, visão ou convicção: a fé e a confiança. O afeto do preconceito é a fé.

A fé e a confiança distinguem-se entre si nos planos antropológico, epistemológico e ético. As diferenças epistemológicas e éticas baseiam-se nas antropológicas.

Do ponto de vista antropológico, a fé nasce da particularidade individual, cujas necessidades satisfaz. Todo homem é, ao mesmo tempo, ente particular-individual e ente humano-genérico, ou seja, uma "singularidade" e, simultaneamente, uma parte orgânica da humanidade, da história humana. Com diferenças de grau, todo homem tem motivações que se referem apenas a si mesmo, finalidades que pacificam tão somente suas próprias necessidades; mas, além disso, está necessariamente inserido no desenvolvimento global da humanidade mediante atividades objetivas (como o trabalho) e pode ter motivações que tendam a encarnar o humano-genérico, objetivos dirigidos "para fora". (São motivações desse tipo, por exemplo, as exigências éticas; e objetivos de tal ordem são aqueles conscientemente fundados nos valores assumidos de uma ampla integração, como sejam a polis, o estamento, a classe ou a pátria.)

Particular, de modo geral, não é aquilo em que o homem acredita, mas sim sua relação com os objetivos da fé e com a necessidade satisfeita pela fé. Isso se evidencia de modo intenso nos preconceitos: os objetos e conteúdos de nossos preconceitos podem ser de natureza plenamente universal; podem referir-se à totalidade de nossa natureza ou de nossa classe, a proposições morais ou religiosas etc. Em troca, as motivações e as necessidades que alimentam nossa fé e, com ela, nosso preconceito satisfazem sempre nossa própria particularidade individual. Na maioria dos casos, fazem-no de modo direto, sem mediação: crer em preconceitos é cômodo porque nos protege de conflitos, porque confirma nossas ações anteriores. Mas, muitas vezes, o mecanismo é também indireto: nossa vida, que não pôde alcançar seu objetivo em sua verdadeira atividade humano-genérica, consegue então um "sentido" pleno no preconceito.

SOBRE OS PRECONCEITOS | 75

Diferentemente da fé, a confiança enraíza-se no indivíduo. O indivíduo está numa relação mais eu menos consciente com sua essência humano-genérica e com sua particularidade individual. Quando confio num homem ou numa coisa, sou *eu* que confio; sou eu que me ofereço, no que se refere à confiança, tanto como no caso da fé. As necessidades desse "Eu" que se oferece ou entrega não se dirigem apenas a si mesmo; nesse caso, sua teleologia vai além de sua própria particularidade. O Eu assume uma certa distância com relação à sua própria particularidade; e essa distância, por sua vez, implica – o que é extremamente importante com relação aos preconceitos – na possibilidade de outro distanciamento com relação à comunidade ou integração de que se faz parte, com relação à "consciência de nós".

Essa diferença antropológica está na base da diferença epistemológica. Toda confiança se apoia no saber. Na esfera cotidiana, isso significa que toda confiança regularmente refutada pelo pensamento e pela experiência termina por desaparecer. Em troca, a fé está em contradição com o saber, ou seja, resiste sem abalos – como vimos – ao pensamento e à experiência que a controlam.

Em geral, tão somente a *posteriori* é que podemos determinar de modo preciso se um juízo ou um comportamento estão ligados à fé ou à confiança, bem como se na combinação concreta apenas o individual-particular tem uma função ou se também o indivíduo desempenha algum papel. Assim, por exemplo, ocorre frequentemente que um preconceito social típico não consiga exercer função rígida de preconceito em todos os membros da sociedade;

muitas vezes, trata-se apenas de um juízo provisório que consegue se afirmar tão só até o momento em que o indivíduo se vê confrontado com verdades que ignorava. O modo de "provar" se um preconceito social tem função de preconceito também no indivíduo ou carece dela consiste sempre na confrontação com os fatos. Se a fonte de um juízo é uma autoridade, a prova será do mesmo tipo, embora indiferente; pois, nesse caso, o que se deve investigar é o fundamento e o respeito com os quais a autoridade em questão obteve essa função de autoridade, ou seja, se é possível confiar com fundamento em seus juízos ou se eles são apenas merecedores de fé.

As reservas emocionais da fé e da confiança são de variados tipos. Podemos deixar de lado a maioria delas, porque apenas uma tem importância para o nosso tema, qual seja, o fato de que no caso da fé sempre aparece o par de sentimentos amor-ódio; e o ódio não se dirige tão somente contra aquilo em que não temos fé, mas também contra as pessoas que não creem no mesmo que nós. A *intolerância emocional*, portanto, é uma consequência necessária da fé.

O par de sentimentos amor-ódio divide nossos preconceitos em dois grupos, em preconceitos positivos e preconceitos negativos, em preconceitos acerca de nossa *própria* vida, nossa *própria* moral, nossos *próprios* preconceitos, nossa *própria* comunidade, nossas *próprias ideias*, e preconceitos referentes aos "demais", alienados e contrapostos a nós. Nesse último grupo, o preconceito se deforma "para baixo" na escala dos sentimentos. O preconceito, portanto, impede o encontro do "valor médio" aristotélico; jamais alcança a exata medida, tanto no que se refere à quantidade como à qualidade.

SOBRE OS PRECONCEITOS | 77

O preconceito pode ser individual ou social. O homem pode estar tão cheio de preconceitos com relação a uma pessoa ou instituição concreta que não lhe faça absolutamente falta a fonte social do conteúdo do preconceito. Mas a maioria de nossos preconceitos tem um caráter mediata ou imediatamente social. Em outras palavras: costumamos, pura e simplesmente, assimilá-los de nosso ambiente, para depois aplicá-los espontaneamente a casos concretos através de mediações.

Nossos preconceitos sociais podem ser estereotipados ou não estereotipados. *Todo* preconceito dominante ou relativamente generalizado, porém, apresenta em geral um "núcleo" estereotipado, em torno do qual podem se situar "variantes" semiestereotipadas ou simplesmente não estereotipadas. O fato de que a formulação de um preconceito possa ser mais ou menos individual, contudo, nada diz acerca da individualidade do homem que assumiu esse preconceito.

Não há relação direta entre a estereotipia e a intensidade dos preconceitos. A intensidade dos preconceitos pode ser descoberta em seu grau de transposição prática. Gordon Allport construiu a seguinte gradação no que se refere aos preconceitos negativos: ressentimento, racionalização (autojustificação) estereotipada, comportamento estereotipado (desde a discriminação até o extermínio, passando pela tortura física). A gradação *histórica* não varia quando se trata da explicação *social* de um preconceito, ainda que nem todo preconceito atravesse todas as fases indicadas. Mas a gradação costuma se inverter na configuração dos preconceitos *no indivíduo*. A primeira coisa observada pela criança são os modos de comportamento preconceituoso estereotipados e as racionalizações ou justificações dos mesmos feitas pelos adultos; só depois é que começa a sentir o ressentimento correspondente.

Partimos do fato de que a vida cotidiana produz, em sua dimensão social, os preconceitos, bem como de que a base antropológica dessa produção é a particularidade individual, ao passo que o "tecido conjuntivo" emocional é a fé. Mas disso não decorre, nem fática nem logicamente, a existência do sistema de preconceitos sociais estereotipados. É ao contrário: a particularidade do homem está vinculada aos sistemas de preconceitos pelo fato de, também na própria sociedade, predominarem – embora em outro plano e com variações – sistemas de preconceitos sociais estereotipados e estereótipos de comportamentos carregados de preconceitos.

O que provoca tais sistemas de preconceitos? São provocados pelas integrações sociais nas quais vivem os homens e, dentro dessas integrações, sobretudo pelas classes sociais.

Mas, nesse ponto, devemos introduzir uma ressalva. Os juízos de classe típicos, ou seja, os juízos que expressam o interesse *fático* de uma classe (ou camada) e que se referem à práxis da classe (ou camada, ou nação) em questão, os juízos, em outras palavras, sobre cuja base atua essa comunidade, *não são preconceitos*. Quanto mais "em movimento" está uma classe, quanto maiores são suas possibilidades de uma práxis efetiva, tanto menos são preconceitos os seus juízos. A atividade política (no mais amplo sentido da expressão), a atividade que dirige o movimento e mobiliza as grandes integrações, pode ter êxito apenas quando se coloca na altura de um pensamento isento de preconceitos. Os políticos grandes e vitoriosos foram sempre aqueles cujas representações da própria classe ou nação e até mesmo dos inimigos mantiveram-se isentas de preconceitos. Precisamente por isso, e tão somente por isso, é que puderam ver com clareza o que era possível fazer, numa concreta situação determinada, com sua classe ou sua nação, como podiam dirigi-las e que passos deveriam empreender para alcançar a vitória. "O covarde", por exemplo, é um caso típico de conceito estereotipado pelo preconceito; se um político partir da pressuposição de que seu opositor é um covarde, será inevitavelmente derrotado.

A esfera política (o ato consciente de assumir a práxis da integração), portanto, destaca-se – tal como a atividade científica – da cotidianidade. Não é casual que, nesse ponto, consideremos necessário recordar nosso ponto de partida, ou seja, a tese de que o preconceito não pertence necessariamente à esfera da ciência e da arte, embora uma parte dos preconceitos desenvolva-se precisamente em tais esferas. A fonte dos preconceitos científicos e artísticos é a mesma conformidade de que já falamos acerca da vida cotidiana. O cientista ou artista professa esses preconceitos para poder se mover "com êxito", "corretamente", em sua integração. O êxito de uma arte ou de uma ciência cheias de preconceitos produz-se *exclusivamente* na esfera da cotidianidade. O cientista com preconceitos pode certamente fazer carreira, mas não na esfera da ciência. A ciência e a arte de efetivo sucesso, ou seja, tudo aquilo que for duradouro e promover a causa da humanidade, está isento de preconceitos, pelo menos sob aquele aspecto no qual é uma vitória artística ou científica. Tampouco o grande político pode se manter preso a preconceitos.

O juízo de classe (de camada, ou nacional) está frequentemente livre de ressentimentos com relação aos "demais".

Se tivéssemos perguntado aos nobres latifundiários do feudalismo clássico como avaliam as características de seus servos, teríamos recebido como resposta, numerosas vezes, estereótipos inteiramente positivos, características como "fiéis", "generosos", "aplicados", "trabalhadores" etc. Um juízo desse tipo é elástico porque *tem de* sê-lo. Se não se ativer em seu conteúdo às transformações ocorridas no comportamento e no caráter da parte contrária, a prática construída sobre o referido juízo estará condenada ao fracasso. E, em suas estereotipias, verifica-se uma tão grande aspiração a obter um critério objetivo que, com frequência, distancia-se particularmente de sua própria nação, da classe em cujo nome se formula.

Nesse ponto, devemos distinguir entre o sistema de preconceitos e a falsa consciência, ou a ideologia na qual se expressa essa falsa consciência. A falsa consciência (ou a falsa ideologia) está tão permeada quanto o próprio sistema de preconceitos por uma ultrageneralização de conteúdo marcadamente emocional. Mas nem por isso se trata de um sistema de preconceitos. A falsa ideologia pode transformar-se em sistema de preconceitos, pode adotar mais ou menos plenamente os traços de um sistema desse tipo; contudo, não é necessário que o faça, e, quando o fizer, não o fará na mesma proporção. *Pois, na medida em que é expressão de aspirações classistas essenciais motivadoras da práxis histórica total, a ideologia não tem caráter de preconceito*, por mais simplista, tendencioso e deformador que seja o sistema intelectual no qual se expressa. O ato de assumir uma ideologia é habitualmente algo bastante difícil para o indivíduo, porque a ideologia não faz apelo ao particular-individual e frequentemente exige uma força moral realmente extraordinária, assim como muita iniciativa individual. Quando os revolucionários franceses levantavam suas barricadas com a convicção de estarem convocados, enquanto encarnações dos antigos heróis romanos, a realizar o "reino da razão", não podiam dominar com o pensamento as forças econômicas e sociais a cujo serviço se colocavam; no prosaico mundo burguês realizado, pôde-se ver que seus juízos eram juízos provisórios. Mas, dado que a burguesia não podia dar aquele passo de importância histórico-universal e que inaugurou seu domínio a não ser sobre a base de uma ultrageneralização intelectual e emocional, aquela ideologia não era um sistema de preconceitos: estava vinculada à práxis, ao humano-genérico, não ao individual-particular; à confiança, não à fé. Ao contrário, em todos aqueles que declararam posteriormente que a sociedade burguesa realizada era em sua realidade efetiva o "reino da razão", aquela ideologia (que já não mais se encontrava na principal linha de força da práxis histórico-universal) converteu-se num sistema de preconceitos. Por isso, Marx pôde afirmar com razão que aquilo que em Helvétius ainda era profundo e rico em espírito torna-se em Bentham uma superficial apologia.

Os preconceitos, portanto, são obra da própria integração social (por exemplo, da nação ou da camada, mas sobretudo da classe) que experimenta suas reais possibilidades de movimento mediante ideias e ideologias isentas de preconceitos. Os preconceitos servem para consolidar e manter a *estabilidade* e a *coesão* da integração dada.

Não podemos nos aprofundar aqui na questão das várias espécies e formas de preconceito. Limitar-nos-emos a mencionar algumas delas, que são bastante características.

Até mesmo as ideologias isentas de preconceitos estão mais ou menos "cobertas" por eles. É decisivo para a práxis histórico-universal de uma integração social que a situação, as reservas de força e o inimigo sejam avaliados exatamente em seus *pontos básicos*, que a ação possa se apoiar na iniciativa individual e possa exigir tudo dos participantes, inclusive o sacrifício pessoal; contudo, nos *momentos menos fundamentais*, desempenha uma certa função também o preconceito, porque é capaz de mobilizar a própria particularidade no interesse do objetivo visado. O preconceito pode afirmar a "onipotência" de determinado dirigente e, nesse caso, a fé ocupa o lugar da confiança; mas também pode se expressar na subavaliação do opositor, caso em que não é inevitável que a visão se obscureça quando se trata de questões decisivas. De qualquer modo, esses preconceitos "encobridores" não são de modo algum inofensivos para a práxis de uma integração. Isso pode ocorrer no princípio, mas muitas vezes eles se expandem de tal modo que impedem completamente uma visão clara das questões básicas e levam a ação ao fracasso.

É muito raro que um tal processo comece pelo lado da ideologia. Na maioria dos casos, começa quando principia o relaxamento da coesão econômica, política e ideológica da integração social ativa em questão; por exemplo, quando a coesão nacional é debilitada pelas lutas de classe, a coesão da classe pela luta entre partidos, a coesão do partido pelas lutas de fração etc. O aumento dos preconceitos pode então se acelerar espontaneamente, embora também possa resultar de uma manipulação política. Disso decorre que a *coesão de uma integração não está em razão direta da intensidade dos preconceitos.* O sistema de preconceitos não é imprescindível a qualquer coesão enquanto tal, mas apenas à coesão *internamente* ameaçada.

A maioria dos preconceitos, embora nem todos, são produtos das classes *dominantes,* mesmo quando essas pretendem, na esfera do *para-si,* contar com uma imagem do mundo relativamente isenta de preconceitos e desenvolver as ações correspondentes. O fundamento dessa situação é evidente: as classes dominantes desejam manter a coesão de uma estrutura social que lhes beneficia e mobilizar em seu favor inclusive os homens que representam interesses diversos (e até mesmo, em alguns casos, as classes e camadas antagônicas). Com ajuda dos preconceitos, apelam à particularidade individual, que – em função de seu conservadorismo de seu comodismo e de seu conformismo, ou também por causa de interesses imediatos – é de fácil mobilização contra os interesses de sua própria integração e contra a práxis orientada no sentido do humano-genérico. O camponês húngaro que se lançou com entusiasmo na Primeira Guerra Mundial, ou o operário alemão entregue de corpo e alma a Hitler, foi um tipo humano manipulado através de sistemas de preconceitos. Não é casual que fosse manipulado: seus interesses imediatos, sua particularidade individual, foram mobilizados contra seu ser humano-

-genérico, e de um modo tal que passaram a aceitar como integração superior as formas ideais de serviço a uma "consciência de nós".

Deve-se observar ainda, neste contexto, que a classe burguesa produz preconceitos em muito maior medida que todas as classes sociais conhecidas até hoje. Isso não é apenas consequência de suas maiores possibilidades técnicas, mas também de seus esforços ideológicos hegemônicos: a classe burguesa aspira a universalizar sua ideologia. Talvez pareça paradoxal que consideremos como máximo "produtor" de preconceitos precisamente a classe que foi a primeira a combatê-los (basta recordar, por exemplo, o que foi feito com os preconceitos referentes à inserção numa determinada confissão ou num determinado estamento). Mas, embora não necessitasse sancionar com preconceitos os limites aristocrático-estamentais, tornou-se-lhe absolutamente necessário o preconceito no mundo da igualdade e da liberdade formais, precisamente porque agora passavam a existir essas noções formais. A coesão da sociedade burguesa foi, desde o primeiro momento, mais instável que as da Antiguidade ou do feudalismo clássico. Por isso, os chamados preconceitos de grupo (os preconceitos nacionais, raciais, étnicos) só aparecem no plano histórico, em seu sentido próprio, com a sociedade burguesa.

O desprezo pelo "outro", a antipatia pelo diferente, são tão antigos quanto a própria humanidade. Mas, até a sociedade burguesa, a mobilização de sociedades inteiras contra outra sociedade, mediante sistemas de preconceitos, não constituiu jamais um fenômeno típico. Se prescindirmos de casos excepcionais, o que mais se destaca é o fato de que jamais foi necessário mobilizar a sociedade inteira. O típico, nas lutas de então, era antes o respeito pelo inimigo: gregos e troianos estimavam-se reciprocamente, do mesmo modo como as grandes famílias que combatiam entre si durante o feudalismo clássico.

Dizemos tudo isso apenas com a finalidade de refutar o ponto de vista dominante na sociologia contemporânea, segundo o qual a fonte dos preconceitos é o *grupo enquanto tal*, a coesão grupal em si; ora, o próprio conceito de "grupo" já nos parece uma categoria ultrageneralizadora e, por conseguinte, de escasso rigor científico; as simples concordâncias formais não são suficientes para justificar que se tratem como idênticas as formações grupais *face to face* e as integrações sociais. Essas são hoje, como dissemos, as produtoras dos preconceitos socialmente influentes: e não estão baseadas em relações *face to face*. Em troca, os pequenos grupos transmitem ao indivíduo tão somente um sistema de preconceitos produzidos por eles mesmos e de natureza particularmente provinciana e efêmera. Nem todo grupo produz preconceitos socialmente típicos. Além disso, e como vimos, sua coesão e seus preconceitos não estão em razão direta entre si; e, finalmente, há grupos coletivamente ativos que estão completamente livres de preconceitos. A questão de saber qual grupo produz preconceitos – e por que e como – é simplesmente uma questão histórica, à qual só é possível responder mediante uma análise da história da integração em pauta.

Podemos distinguir através do *conteúdo* muitos tipos de preconceito: preconceitos-tópicos (por exemplo: "os homens são maus, não é possível melhorá-los"), preconceitos morais, científicos, políticos, preconceitos de grupo, nacionais, religiosos, raciais etc. Qualquer que seja seu conteúdo, sua esfera é sempre a vida cotidiana. O que anteriormente afirmamos sobre os juízos artísticos, científicos e políticos e sobre os preconceitos próprios dessas esferas aplica-se também aos morais. Os lugares-comuns e as estereotipias de grupo podem estar isentos de preconceitos, mas – diferentemente dos juízos daquelas esferas – jamais abandonam o âmbito da cotidianidade.

Podemos ainda fazer outra observação acerca dos preconceitos *morais*: nestes, a moral é *objeto* de modo direto. Mas, mesmo em outros âmbitos que não o dos preconceitos morais, todos os preconceitos se caracterizam por uma *tomada de posição moral*, já que, como vimos, são ao mesmo tempo falsos juízos de valor. Assim, por exemplo, a acusação de "imoralidade" costuma juntar-se aos preconceitos artísticos, científicos, nacionais etc. Nesses casos, a suspeita moral é o elo que mediatiza a racionalização do sentimento preconceituoso.

Negamos acima que o grupo seja, enquanto tal, a fonte do preconceito. Chamamos de "preconceito de grupo" aqueles que se referem a todo um grupo homogêneo, independentemente do fato de que essa homogeneidade se baseia em critérios essenciais ou secundários e sem tomar em consideração o fato de que o grupo em pauta seja uma integração fundamental ou uma integração derivada; trata-se, pois, de preconceitos contra os membros de um grupo, tão somente pelo fato de serem membros desse grupo. A estereotipia de traços característicos nacionais, religiosos, étnicos etc., é inevitavelmente acompanhada de preconceitos quando a estereotipia em questão, não corresponde à função realmente desempenhada pelo povo, religião etc., considerados no decorrer da história, mas se articula, ao invés, com uma limitação mental encharcada de fé estereotipada. O mesmo ocorre quando as qualidades ou particularidades estereotipadas *se separam* da concreta situação histórica; e também quando a estereotipia tem uma função analítica, mas normativa; o mesmo se verifica, finalmente, quando buscamos *a priori* em um indivíduo as propriedades de grupo e consideramo-las essenciais a ele.

O homem predisposto ao preconceito rotula o que tem diante de si e o enquadra numa estereotipia de grupo. Ao fazer isso, habitualmente passa por cima das propriedades do indivíduo que não coincidem com as do grupo. Mesmo quando chega a percebê-las, registra-as como se tivessem produzido *apesar* da integração do indivíduo em seu grupo, *contra* essa integração. Há duas coisas que o homem predisposto nunca é capaz de fazer: corrigir o juízo provisório que formulou sobre um grupo baseando-se em sua experiência posterior e investigar acerca da profundidade da integração dos indivíduos em seus respectivos grupos. O indivíduo predisposto não investiga se a integração de um indivíduo em seu grupo é casual ou escolhida, de importância primária, secundária ou puramente inessencial, nem tampouco indaga qual a função que essa integração desempenha efetivamente na existência e na consciência do indivíduo. O homem predisposto não se deixa impressionar sequer pelas qualidades éticas do indivíduo. Uma vez adquiridos os preconceitos contra os negros, até mesmo o negro branco é um *nigger*. Por que deveria ele fazer uma distinção entre o "muçulmano negro" e o professor Dubois?

Os preconceitos sociais individual-concretos são, em grande parte, de precedência histórica. A explicação, o predomínio e o esgotamento dos preconceitos e dos sistemas estereotipados não são, de modo algum, fenômenos paralelos; um mesmo preconceito pode, no decorrer dos tempos, basear-se em sistemas estereotipados bastante diversos (basta recordar os preconceitos contra os protestantes), e um mesmo estereótipo pode estar subordinado a preconceitos muito diferentes. Mas, quer ou não coincidam, preconceitos e estereótipos estão submetidos a uma permanente transformação.

Contudo, o que nos interessa investigar não é se cada preconceito social individual é histórico, já que isso está fora de dúvida, mas sim se a existência de preconceitos é *enquanto tal* necessária ou se é um fenômeno histórico e (consequentemente) relativo. A resposta não é tão simples como supunha o racionalismo iluminista; nem sequer é inequívoca em todos os casos.

Já dissemos que a possibilidade antropológica permanente do preconceito está constituída pela estrutura da vida cotidiana, pelo "movimento" do individual-particular nessa cotidianidade e pelo seu pragmatismo diante das relações sociais. Vimos também que os grupos que se sentem ameaçados em sua coesão produzem constantemente preconceitos sociais, satisfazem as "demandas" do particular-individual e lhe emprestam conteúdo. Portanto, os preconceitos poderiam deixar de existir se desaparecessem a particularidade que funciona com inteira independência do humano-genérico, o afeto da fé, que satisfaz essa particularidade, e, por outro lado, toda integração social,

SOBRE OS PRECONCEITOS | 89

todo grupo e toda comunidade que se sintam ameaçados em sua coesão.

Acreditamos que tal desaparecimento não é de modo algum utópico, pois se revela como possibilidade a ideia de uma sociedade na qual cada homem possa chegar a ser indivíduo, possa configurar por si mesmo a condução da vida, e na qual a particularidade deixe de funcionar "independentemente" do humano-genérico. Numa sociedade desse tipo, não seriam suprimidos os falsos juízos provisórios, mas desapareceria a adesão a eles, ditada pela fé, ou seja, desapareceria sua cristalização em preconceito. Também acreditamos ser possível uma sociedade – que já existiu, mais ou menos plenamente, na história – cuja coesão não exija imprescindivelmente a existência de preconceitos, antes de mais nada porque o conteúdo de sua "consciência de nós" seria a própria humanidade, ou seja, a integração de base mais ampla, diante da qual seria pouco imaginável uma consciência da "alteridade".

Mas, como numa sociedade dinâmica e mutável (como é o caso de toda sociedade construída sobre a base de um indefinido progresso da produção) sempre existem forças conservadoras e forças dinâmicas, e como a possibilidade de elevar-se à condição de indivíduo real é dada tão somente a cada ente singular (o que de nenhum modo significa que todo ente singular chegue a ser indivíduo), torna-se então evidente que os preconceitos não podem ser totalmente eliminados do desenvolvimento social. Mas é possível, em troca, eliminar a organização dos preconceitos em sistema, sua rigidez e – o que é mais essencial – a discriminação efetivada pelos preconceitos.

Indicamos essa perspectiva possível não apenas por motivos formais e puramente teóricos, mas porque ela tem uma função na avaliação dos preconceitos e dos modos predispostos de comportamento que atualmente se originam.

O preconceito, geralmente, apresenta-se com um conteúdo axiológico negativo, isso não significa que todo homem submetido à influência de preconceitos seja "moralmente vazio". Todo homem, em certa medida e sob alguns aspectos, tem preconceitos. O que se deve considerar no julgamento de um homem sob esse ângulo é se a sua *totalidade* está inteiramente motivada por sua particularidade, ou seja, por seus preconceitos. Também é muito importante saber a *que* se referem seus preconceitos e qual é a sua *intensidade*. Pois há preconceitos socialmente justificados e menos justificados, perigosos e menos perigosos, perigosos para a coletividade e perigosos para o indivíduo. Essas dimensões devem ser levadas em conta, porque com elas se coloca a questão das consequências. A intensidade do preconceito indica seu conteúdo valorativo negativo do ponto de vista da motivação. E é evidente que tal intensidade repercute também nas consciências.

Devemos afirmar, por conseguinte, que nem um nem vários preconceitos bastam para fazer com que um homem seja "imoral", mas isso depende essencialmente da relação da individualidade com a totalidade, das consequências e das motivações do preconceito. Mas, então, por que afirmamos que o preconceito, abstratamente considerado, é *sempre* moralmente negativo?

Porque todo preconceito impede a autonomia do homem, ou seja, diminui sua liberdade relativa diante do ato de escolha, ao deformar e, consequentemente, estreitar a margem real de alternativa do indivíduo.

Que é necessário para que o homem possa escolher com relativa liberdade em determinadas circunstâncias concretas? De imediato, o conhecimento ótimo de suas alternativas com relação às possibilidades que lhe oferecem as circunstâncias; por outro lado, uma adequada representação do *conteúdo axiológico* dessas alternativas, isto é, *da relação entre os valores das alternativas e os valores que mais promovem o desenvolvimento humano nas circunstâncias em questão.* Isso pressupõe que o homem é capaz de elevar-se até o plano do *humano-genérico* e que, ao mesmo tempo, dispõe de um conhecimento ótimo do homem e da situação em que se encontra. Como vimos, o preconceito tem uma ação inibitória sobre esses três momentos. (No conhecimento do homem, está implícito também o autoconhecimento.)

Não podemos, portanto, dizer que todo homem predisposto ao preconceito é "imoral". Mas podemos afirmar que, sob todos os aspectos nos quais tem preconceitos, ocorre uma diminuição para o homem de suas possibilidades de uma escolha adequada e boa, historicamente positiva, e, com elas, a possibilidade de uma explicação da própria personalidade.

O preconceito, portanto, reduz as alternativas do indivíduo. *Mas o próprio preconceito é, em maior ou menor medida, objeto da alternativa.* Por mais difundido e universal que seja um preconceito, sempre depende de uma escolha relativamente livre o fato de que alguém se aproprie ou não dele. *Cada um é responsável pelos seus preconceitos*. A decisão em favor do preconceito é, ao mesmo tempo, a escolha do caminho fácil no lugar do difícil, o "descontrole" do particular-individual, a fuga diante dos verdadeiros conflitos morais, tornando a firmeza algo supérfluo.

Na medida em que um homem preserva uma concepção sem preconceitos, orientada pela realidade, podemos mensurar o quanto ele é individualidade, "núcleo", o quanto possui substância.

A questão é esta: como libertarmo-nos dos preconceitos? Há algum esquema, alguma receita, algum conselho que garanta essa libertação? Naturalmente que não. Em muitos casos, apenas a *posteriori* poderemos ver que uma opinião era um preconceito, e, com muita frequência, não somos capazes de perceber o ponto histórico nevrálgico no qual nossas ideias não preconceituosas convertem-se em preconceitos. Nesse campo, há tanto risco quanto em qualquer outra escolha que fazemos em nossa vida.

O esquema de comportamento geral mais eficiente continua a ser aquele que, pela primeira vez, foi formulado pelos estoicos: o constante controle da particularidade individual, a escolha do difícil ao invés do fácil. Com as palavras de Goethe:

> Que não te despojem
> de teu sentido inicial.
> É fácil crer no que
> crê a multidão.

Fortalece teu entendimento
de um modo natural;
difícil é saber
o que é diverso.

Allport, o psicólogo social norte-americano já citado, contrapõe – em seu livro sobre a natureza do preconceito[9] – o "caráter carregado de preconceitos" ao "caráter tolerante". Deve-se afirmar, antes de mais nada, que os preconceitos não são uma questão de caráter, assim como tampouco a tolerância é uma questão de caráter. Mas deve-se ainda aduzir uma objeção mais essencial: a tolerância tomada como ideal do comportamento é tão somente o principio do liberalismo. *Nem a particularidade orientada para a atividade cotidiana nem a individualidade orientada para a práxis podem ser "tolerantes" em seus ideais.* Com a mesma incondicionalidade com que defendemos os objetivos e ideais de nossa confiança, lutamos também pelos objetivos e ideais de nossa fé; e, no segundo caso, estamos tão convencidos quanto no primeiro da correção, da veracidade de nossa opinião.

As ideias "tolerantes" são passivas, vão de par com o ceticismo. Há indiscutivelmente situações em que a tolerância das ideias é também positiva; o único que negamos é que um sistema intelectual desse tipo possa ser historicamente eficaz.

---

9. Gordon W. Allport, *The Nature of Prejudice*, Massachussets-Palo Alto-Londres-Ontario, Addison Wesley, 1954.

Portanto, se quisermos nos libertar de nossos preconceitos mediante o ato de colocar em questão todos os nossos juízos, perderemos, juntamente com os preconceitos, também as nossas convicções. A "receita" liberal, portanto, oferece um remédio que acaba com a enfermidade – e também com o enfermo.

Nesse ponto, gostaríamos novamente de recorrer a Goethe que analisou profundamente essa conexão de problemas:

> Quando ouço falar de ideias liberais, espanto-me sempre em ver como os homens se adornam prazerosamente com a eloquência vazia; uma ideia não pode se permitir ser liberal. Deve ser enérgica, tenaz, fechada em si mesma, para poder cumprir o mandato divino de ser produtiva; menos ainda pode ser liberal um conceito, pois sua missão é muito diferente.
>
> Onde a liberalidade deve ser buscada é nas atitudes; e essas são o estado de espírito vivo.

E ainda:

> Poucas vezes são liberais as atitudes e os sentimentos, pois brotam diretamente da pessoa, de suas relações e necessidades imediatas.

Nenhum conceito e nenhuma ideia pode ser liberal; *desse* ponto de vista, não há nenhum critério que os diferencie do preconceito. O critério deve ser buscado na relação com o individual-particular. Pois a atitude liberal é tão somente o "estado de espírito" que se eleva por cima das necessidades e das pretensões dessa particularidade.

Se confiamos *enquanto indivíduos* em nossos ideais e em nossas convicções, isto é, se confiamos nelas sobre a base de um permanente controle da situação, das autoridades e também (e não em último lugar) de nossas próprias motivações, se estamos dispostos a negar confiança a nossas ideias na medida em que o conhecimento e a experiência as contradigam *de modo regular*; se não perdermos a capacidade de julgar corretamente o *singular*, então seremos capazes de nos libertar de nossos preconceitos e de reconquistar sempre a nossa relativa liberdade de escolha. Só poderemos nos libertar dos preconceitos se assumirmos o risco do erro e se abandonarmos – juntamente com a "infalibilidade" sem riscos – a não menos tranquila carência de individualidade.

Indivíduo e comunidade:
Uma contraposição real ou aparente?

Existe contraposição real entre indivíduo e comunidade, ou trata-se de uma contraposição apenas aparente? Colocada nesse nível de generalidade, essa pergunta não pode ter uma resposta unívoca. Pois a resposta depende sempre das peculiaridades do indivíduo e da comunidade que estivermos considerando; ela sempre apresenta, em primeira instância, um caráter de conteúdo.

Mas, antes de empreendermos uma análise detalhada do problema, devemos diferenciá-lo de outras questões com as quais é habitualmente confundido. A primeira delas refere-se à relação entre *indivíduo e sociedade*, a segunda à relação entre *indivíduo e grupo*, a terceira à relação entre *indivíduo e massa*.

A vinculação do indivíduo com a sociedade coincide com a vinculação do indivíduo com a comunidade quando a mais alta integração social assume, ela mesma, um caráter comunitário. As últimas integrações desse tipo foram a família clânica e as tribos. Quanto mais diferenciada e estruturada é uma sociedade concreta, tanto menos poder-se-á constituir ela própria em comunidade do homem. Já na época da polis antiga e naquela dos estamentos da Alta

Idade Média, na da democracia urbana do Renascimento e ainda mais na situação designada por Marx como "democracia de não liberdade", a função de comunidade pode caber apenas a uma das camadas ou classes essenciais da sociedade global, isto é, a *uma integração dentro da diferenciação*. A partir do desenvolvimento dos grandes estados nacionais burgueses, mesmo isso deixou de ser possível. Por outro lado, as teorias sociais contemporâneas estão reagindo rapidamente a essa mudança. Nas utopias de Morus e de Campanella, a sociedade inteira ainda funciona como uma comunidade; isso já não ocorre no utopismo que se inicia com o Iluminismo francês. Desde Morelly até Fourier, o interesse dos utópicos concentra-se em torno da questão de como construir uma sociedade a partir de comunidades, de como possibilitar que a relação do indivíduo com a sociedade seja mediatizada por comunidades orgânicas. Em *O contrato social*, Rousseau analisa detalhadamente a razão pela qual a ordem estatal unitária moderna não pode ser uma comunidade; e, em *La Nouvelle Heloïse*, propõe-se a apresentar um modelo da nova "pequena comunidade". É evidente que, tendo em vista a progressiva industrialização nessa época de "sociedades industriais", a única colocação razoável é a última. Quando pensamos no futuro da humanidade, é quase impossível imaginar que a integração total possa chegar a converter-se em comunidade; mais plausível aparece a imagem de uma estrutura social articulada em comunidades orgânicas.

O problema indivíduo-comunidade não pode se identificar com a relação entre o indivíduo e o grupo, já que essa relação pode perfeitamente basear-se numa casualidade.

Que nos matriculem na seção *a* ou *b* de um mesmo curso, por exemplo, é uma questão casual do ponto de vista da minha individualidade; também dependem do acaso o bairro em que vivo, a profissão para a qual sou formado, a fábrica em que encontro trabalho etc. Na medida em que esses fatores deixam de ser casuais, na medida em que minha individualidade "constrói" o grupo a que pertenço, "meus" grupos convertem-se paulatinamente em comunidades. Nem todo grupo, portanto, pode ser considerado como uma comunidade, embora qualquer grupo possa *chegar a ser* comunidade. Para acrescentar outro aspecto: o indivíduo pode pertencer a numerosos grupos, na medida em que o fato de pertencer a grupos define-se através de uma certa analogia de interesses e de objetivos, bem como mediante uma certa atividade em comum. Mas há finalidades, interesses e atividades importantes, ao lado de outros que não o são na mesma medida. Isso origina uma hierarquização de "nossos" grupos, distinguindo principalmente entre os grupos que representam nossos principais interesses, objetivos e atividades, os quais são assumidos igualmente por eles, e os grupos que se relacionam com nossos interesses, atividades e objetivos secundários, inessenciais. Não existe entre as comunidades uma hierarquia desse tipo. No caso "clássico", o homem pertence a *uma* comunidade; e, nos casos "não clássicos", pertence apenas a *poucas*. Quando se pertence a mais de uma comunidade, diminui o caráter de comunidade dos grupos secundários e terciários. Vejamos, por fim, outro aspecto, de grande importância: nem todo grupo apresenta uma hierarquia fixa e específica de valores; na maioria das vezes, a única

INDIVÍDUO E COMUNIDADE | 99

coisa que se choca com as normas do grupo é a violação dos interesses do grupo; fora isso, existem no grupo "éticas" plenamente pluralistas e contraditórias. Os alunos da seção *a* têm de ser incondicionalmente solidários em suas ações diante dos alunos da classe *b*; mas nem sequer nesse caso o grupo se torna comunidade, salvo se dispuser de um sistema de normas relativamente concreto e válido para todos os seus membros.

Acentuamos anteriormente o caráter casual – casual em relação ao fato de pertencer a uma comunidade – de nossa participação em um grupo. Mas esse ponto deve ainda ser esclarecido. Pois se nos poderia objetar que o nascer numa determinada comunidade – na comunidade da polis, por exemplo – é ainda menos objeto de escolha que o fato de pertencer a essa ou àquela seção do curso. Mas é que o fato de pertencer a uma comunidade apresenta-se segundo dois modos distintos, o que empresta à *casualidade* um aspecto novo. Por um lado, pode-se pertencer a uma determinada comunidade em consequência de *uma necessidade exterior*; por outro, isso pode ocorrer em consequência de *uma necessidade interna*, ou seja, em consequência de uma escolha individual. No caso da polis ou dos estamentos, trata-se do primeiro tipo. Essas sociedades ainda não são sociedades "puras", ou seja, ainda não se consumou nelas o processo que Marx designou como "retrocesso dos limites naturais" [*"Zurückweichung der Naturschranken"*]. As comunidades dessas sociedades são "naturais" no sentido de que não podem ser objeto de uma escolha livre e de que a posição social do indivíduo, as possibilidades de desenvolvimento de sua individualidade e de sua hierarquia de valores estão determinadas pelo nascimento e no momento do nascimento. Um jovem nascido numa família nobre da Alta Idade Média talvez pudesse escolher livremente (muito poucas vezes) entre ser cavaleiro ou sacerdote, mas não podia escolher uma vida de servo ou uma existência burguesa; possibilidades de escolha desse tipo apresentam-se apenas quando a comunidade em questão, de tipo natural, encontra-se já em processo de dissolução. Mas a vinculação que venha a se estabelecer não é casual ou acidental, pois sua essência consiste em que é impossível "sair" dela, transcendê-la em individualidade. Tão somente uma sociedade sem estamentos, a sociedade classista "pura", a sociedade burguesa, consegue abolir as comunidades naturais enquanto integrações sociais primárias; e tão somente em tal sociedade pode se produzir, por conseguinte, uma relação acidental ou "casual" do homem com sua integração social básica ou com sua classe. E apenas nessa sociedade – em paralelismo com o fenômeno acima descrito – é que pode ganhar espaço o movimento que se manifesta na *escolha* de nossa integração, isto é, o movimento que nos permite inverter a antiga situação: *não se tornar indivíduo mediante nossa comunidade, mas ser capaz de escolher uma comunidade graças ao fato de já ser indivíduo.* O aristocrata que, na Revolução Francesa, adota um nome burguês ou o burguês que assume como seus os interesses e os objetivos do movimento operário são produtos e representantes dessa nova possibilidade. O desenvolvimento dessa relação "casual", a dissolução das comunidades de tipo natural, foi também o que permitiu ao indivíduo a possibilidade de construir uma família *sobre a base de sua escolha individual.*

Disso decorre que a classe (a classe social) não é necessariamente uma comunidade, embora os interesses e as funções dos membros de uma classe sejam idênticos em todos os aspectos essenciais e embora dominem no sistema de valores da classe normas e costumes que fornecem uma margem análoga de movimentos. Tampouco o fato de pertencer à classe pode se transformar no fato de pertencer a uma comunidade; isso só ocorre quando o membro da classe *decide-se* conscientemente nesse sentido.

Digamos ainda algo sobre a relação entre o indivíduo e a massa, questão que frequentemente se põe de contrabando em nossa problemática, ainda mais injustamente, sem dúvida, que as demais. Sociedades, classe, grupo, estamento, comunidade etc., são efetivamente categorias de uma *esfera homogênea* de estruturação da sociedade; ao contrário, a relação entre indivíduo e massa é heterogênea. A massa é coparticipação de muitos homens numa ação determinante, que pode se expressar tanto através de uma ação comum idêntica quanto de um comum "papel de coristas". Ambas as coisas – a ação comum e o papel de acompanhamento – podem ser casuais (por exemplo, quando das reações em face do incêndio de um teatro), mas também podem ser não casuais (por exemplo, numa manifestação). Para a massa, para a multidão, o interesse e a finalidade comuns, a função comum, não são características necessárias na mesma medida em que o são para os grupos sociais estruturadores; reciprocamente, para tais grupos, não é característica necessária a atividade comum ou a comum função de coro. Um grupo ou comunidade jamais pode ser uma "massa", pois está sempre articulado e estratificado, ao passo que na ação comum a massa pode perfeitamente aparecer não estratificada e não articulada. É evidente que esse "pode" admite a existência do caso contrário: não é raro que a multidão apareça como uma "comunidade". Assim, por exemplo, numa manifestação de Primeiro de Maio, a multidão pode ser representante, nas ruas, de uma comunidade determinada, com interesses e objetivos comuns, e, portanto, pode-se entendê-la nesse caso como uma entidade organizada, estruturada, de nenhum modo casual.

Alguns autores, de modo simplista, contrapõem a multidão à comunidade, supondo que existe multidão precisamente onde não há comunidade. Identificam assim um tipo de multidão, a multidão não estruturada e, consequentemente, de fácil manipulação, com o conceito de multidão enquanto tal; fazem o mesmo com a comunidade, ao identificá-la com a comunidade democrática formada por indivíduos. Essa equiparação é falsa, mesmo quando se coloca a serviço de simpáticas ideias de oposição à manipulação. E é falsa até mesmo quando a multidão realiza um dos seus mais conhecidos traços característicos: as ações "de massa" que os homens realizam, ou seja, que empreendem conjuntamente, ou como reação a algum acontecimento, acentuam nos indivíduos que constituem a multidão precisamente os traços, os objetivos e os interesses *idênticos* àqueles dos demais, proporcionando-lhes com isso, como ressonância, uma fundamentação afetiva adicional. Isso não implica de nenhum modo na abolição da individualidade, mas sim, quando muito, na suspensão provisória ou na subordinação temporária de suas aspirações heterogêneas. E tampouco implica em manipulabilidade sem obstáculos, já que a força avassaladora da ação das massas persiste apenas – se é que a massa é formada por verdadeiros indivíduos – enquanto ela não se choca com obstáculos na própria individualidade. Pode-se, no máximo, supor – mas essa é uma restrição certamente importante – que, em consequência da coexistência massiva, aumentam as possibilidades de manipulação quando a multidão é formada por indivíduos pouco desenvolvidos ou quando pertence a uma comunidade não estruturada (essa segunda hipótese não coincide necessariamente com a primeira).

Nesse sentido, costuma-se falar de "sociedade de massas".

A palavra "massa", com efeito, tem nesse contexto um sentido bastante lato. Não se trata de copresença efetiva, de um comum papel físico de coro. O que se deseja significar com essa expressão é, sobretudo, que uma dada sociedade favorece exclusivamente – ou em primeiro lugar – a estruturação interna na qual não se podem desenvolver nem a individualidade, nem a comunidade; a socialidade dos homens, então, passa a expressar-se desde o primeiro momento como se todos formassem uma multidão manipulada e como se por todos os lados dominasse uma atitude de dispersão. "Sociedade de massas", portanto, é uma expressão metafórica para descrever uma sociedade conformista manipulada.

A comunidade é uma unidade estruturada, organizada, de grupos, dispondo de uma hierarquia homogênea de valores e à qual o indivíduo pertence necessariamente; essa necessidade pode decorrer do fato de se "estar lançado" nela ao nascer, caso em que a comunidade promove posteriormente a formação da individualidade, ou de uma escolha relativamente autônoma do indivíduo já desenvolvido.

Voltemos à nossa questão inicial: a contraposição entre indivíduo e comunidade é real ou aparente?

Enquanto as comunidades foram comunidades naturais e enquanto a existência social do indivíduo foi uma existência "necessária" baseada no "estar lançado" na comunidade ao nascer, essa pergunta teria carecido de sentido. Todo indivíduo se desenvolvia até tornar-se individualidade precisamente no seio da comunidade. Quem perdia sua comunidade perdia também a condição de existência da sua atividade; o castigo mais duro era o exílio.

Decerto, já nessa época, podiam se produzir *contraposições concretas* entre o indivíduo e sua comunidade – e elas efetivamente se produziram. Como se sabe, a expulsão do seio da comunidade (que se recorde o ostracismo) era a represália por uma contraposição desse tipo, ou então uma medida preventiva contra ela. A contraposição podia originar-se de duas causas, frequentemente entrelaçadas: em certos casos, o indivíduo – graças à sua importância ou popularidade – elevava-se a tal ponto acima de seus concidadãos que sua simples existência perturbava a atividade relativamente plana dentro da estrutura da comunidade em questão; em outros, o indivíduo colocava seus objetivos e êxitos particulares, seu enriquecimento pessoal, acima dos interesses e das metas da comunidade, tentando utilizar essa como instrumento para a realização daquelas suas metas particulares. Como é natural, o critério concreto segundo o qual se determinava quando

INDIVÍDUO E COMUNIDADE | 105

o indivíduo começava a prejudicar a sociedade variava de acordo com os diferentes sistemas sociais e políticos. O banimento podia também ser *injusto*; com efeito, era esse o seu risco, e as comunidades tinham consciência mais ou menos clara de sua existência. Todavia, a possibilidade do erro ou da injustiça nunca levou a que se pusesse em dúvida a justiça do ato preventivo de proteção da comunidade.

Em sociedades-comunidades (pensamos sempre em comunidades naturais), a expulsão implica num juízo de valor.

O banido jamais está "certo", mesmo quando o concreto ato de banimento é evidentemente injusto. O indivíduo banido da sociedade sente-se como um peixe fora d'água, como um estrangeiro eterno (no caso de Ovídio), ou se rebela contra sua sociedade; mas esse comportamento jamais lhe é perdoado, seja a causa de seu banimento a superioridade de sua individualidade (caso de Temístocles), seja o fato de ter utilizado abusivamente a comunidade para alcançar suas próprias metas e interesses (caso de Alcibíades). Coriolano, por um lado, e a ida do Imperador Henrique a Canossa, por outro, são exemplos da catarse típica do homem que vive em unidade natural.

O indivíduo reconhece à comunidade natural o direito de bani-lo mesmo quando se considera mais valioso que aqueles que o expulsam. Por isso é que Sócrates negou-se a fugir da prisão, convencido de que as leis de sua pátria – que o condenavam à morte – eram, apesar disso, obrigatórias para ele.

Nas fases de dissolução das comunidades naturais, rompe-se definitivamente essa contraditória harmonia entre o indivíduo e a comunidade e começam a desempenhar um papel cada vez maior as comunidades não "preexistentes", as comunidades escolhidas. Nessa fase, ainda não se coloca o problema de saber se indivíduo e comunidade se contrapõem; o que está em discussão é apenas se o homem pode entrar em conflito com uma comunidade determinada, ou, mais exatamente, se o indivíduo pode escolher autonomamente, no lugar das comunidades em dissolução cujos valores se diluem progressivamente, uma nova comunidade que explicite uma hierarquia de valores fixa e estável. Não se trata, portanto, de uma simples contraposição entre indivíduo e comunidade, mas entre o indivíduo que aspira a uma nova comunidade e uma velha comunidade em dissolução cada vez maior. Por todas as partes encontramos essas comunidades livremente escolhidas, mas firmes, desde a *poikilé stoá* até os discípulos de Jesus, passado pelo jardim de Epicuro. Uma situação análoga ocorre com os movimentos heréticos da Idade Média, nos quais, como se sabe, os laços comunitários não foram mais débeis, e sim mais fortes que na Igreja oficial.

O problema da contraposição entre comunidade e indivíduo surgiu com a "sociedade pura", com a sociedade burguesa, por causa da relação casual do homem com sua classe. Em suma: surgiu como consequência da sociedade na qual se separaram o fato de pertencer a uma classe e o fato de pertencer a uma comunidade, na qual o indivíduo passou a estar submetido enquanto tal às leis do movimento das classes, na qual *o homem converteu-se em ser social não necessariamente comunitário*.

Indivíduo e comunidade | 107

Até aqui, temos falado de modo simplificado das comunidades naturais, com o objetivo de contrapô-las ao desenvolvimento iniciado com a sociedade burguesa. Mas agora teremos de distinguir, já que as formas concretas das comunidades naturais foram muito variadas. Neste momento, tem importância tão só o fato de que também variou a margem de movimento que essas comunidades apresentaram para o desenvolvimento do indivíduo ou concederam no caso da individualidade já desenvolvida. Ou, em outras palavras: indivíduos com diferentes graus de desenvolvimento concentraram diferentes margens de movimento em diferentes formas comunitárias. O aumento da liberdade de movimento do indivíduo não se deve ao debilitamento da comunidade, pois essa liberdade já está prefigurada, em proporções bastante variáveis, nas comunidades que funcionam adequadamente e não se debilitam. Não vamos nos aprofundar nessa problemática, mas observaremos que o tipo (variável) de comunidade e o desenvolvimento da individualidade encontram-se em interação. Gostaríamos de ilustrar esse ponto com um exemplo. Se lermos hoje a *República* de Platão para o indivíduo mais manipulado, menos "individual", esse exclamará horrorizado que, em um tal Estado, o indivíduo está totalmente submetido ao posto que lhe é indicado pela divisão do trabalho e não dispõe de nenhuma liberdade. Mas, na época de Platão, ninguém – nem mesmo os seus piores inimigos (tampouco Aristóteles) – dirigiu-lhe tal acusação. Pois, para o indivíduo da época, a vida em um Estado de tipo platônico não pressuporia nenhuma redução da individualidade; aquele indivíduo não era o indivíduo de hoje, e só se pode falar numa "redução" de necessidades, aspirações etc., se essas já existirem efetivamente. Situação análoga experimentamos ao ler a *Utopia* de Tomás Morus; mas na época dele, todos afirmavam que os habitantes da ilha de Utopia eram absolutamente livres. E os habitantes de Utopia, por sua vez, teriam considerado como amordaçamento do indivíduo o fato de que a comunidade prescrevesse a seus membros a inclusão numa determinada religião, o que numa comunidade do século xi, provavelmente, ninguém teria considerado como diminuição da própria liberdade.

É evidente que, ao estudarmos o desenvolvimento histórico da individualidade, não devemos jamais partir do *termo médio* dos indivíduos de uma época. Temos de analisar a possibilidade máxima produzida pela época em questão para o desenvolvimento da individualidade. Essa possibilidade máxima pode ser descoberta nos chamados *indivíduos representativos*, que são sempre excepcionais no sentido de que realizam até o fim a possibilidade dada. Essa distinção é tanto mais importante quanto maior for, numa determinada sociedade, a *alienação*; quanto mais radicalmente a essência humana estiver separada da existência dos homens médios. Por isso é que ela se revela sobremaneira importante ao estudarmos os indivíduos da sociedade capitalista. Na análise da individualidade burguesa, manifestam-se principalmente dois pontos de vista contraditórios. Alguns autores afirmam que a individualidade propriamente dita foi criada pela sociedade burguesa e que qualquer outra sociedade não pode deixar de ter como consequência a abolição dessa individualidade (é a tese dos liberais); outros opinam que a equiparação formal realizada pela burguesia, o conformismo que isso acarretou e, sobretudo, a manipulação já teriam abolido o desenvolvimento da individualidade, a iniciativa individual, e, com ela, a possibilidade de explicitação de "grandes homens", de indivíduos verdadeiramente livres (é a concepção do romantismo). Para quem considerar os fatos com atenção, ficará evidente que as duas análises contêm elementos de verdade, ainda que em sentidos diferentes. É verdade que a sociedade burguesa desenvolveu a individualidade numa medida sem precedentes; isso pode ser comprovado do modo mais evidente se recordarmos o momento histórico em que tal desenvolvimento iniciou o seu processo, ou seja, o Renascimento. Posteriormente, a individualidade se enriqueceu com características inteiramente novas, como a subjetividade, a "inferioridade", documentadas pelo grande desenvolvimento da música e da lírica, seus sensíveis sismógrafos. Tão somente a sociedade burguesa poderia proporcionar ao indivíduo a possibilidade de elevar-se a qualquer altura: a personalidade de Napoleão exemplifica sensivelmente essa circunstância. Mas, subsequentemente, revela-se a verdade da crítica romântica: *essa mesma* sociedade, ao subsumir o indivíduo sob sua classe, ao submetê-lo às leis econômicas como se essas fossem leis naturais, aboliu aquela grande possibilidade e fez dos indivíduos livres nada mais que escravos da alienação, até o ponto em que *de facto* os indivíduos se viram colocados num nível inferior àquele dos indivíduos de épocas anteriores. Durante o século passado, essa segunda tendência reforçou-se constantemente e, em nossos dias, a maior parte dos indivíduos representativos é representativa precisamente pelo fato de *negar* seu mundo e de buscar uma nova perspectiva para o desenvolvimento humano.

A configuração do mundo burguês acarretou uma alteração básica da hierarquia moral dos valores – e, de modo mais geral, da hierarquia social dos mesmos – e, ao mesmo tempo, transformou a relação do indivíduo com essa hierarquia. Nas comunidades naturais, imperava *uma ordem fixa de valores*, existia uma hierarquia de valores representada pela comunidade e todo indivíduo assimilava-a necessariamente. (Na Antiguidade, por exemplo, ninguém podia pôr em dúvida que as "virtudes fundamentais" eram a sabedoria, a coragem, a temperança e a justiça.) É evidente que também naquelas comunidades existia uma margem de movimento e de escolha individual. O desenvolvimento da autonomia do indivíduo era medida por sua capacidade de avaliar individualmente o caso *singular* oferecido a seu julgamento, bem como de aplicar segundo sua individualidade os valores dados a cada concreta situação de escolha. A explicitação da sociedade burguesa acarretou também a dissolução das hierarquias axiológicas, fixas, inclusive das comunidades naturais. A partir de então, a tarefa do indivíduo não mais consiste apenas em aplicar uma hierarquia de valores já dada a cada ação concreta (embora *também* isso seja imprescindível), mas igualmente em escolher os valores e construir sua própria hierarquia valorativa no interior de certos limites, mais ou menos amplos. Assim, com a escolha dos valores, aumentam de modo particular as possibilidades da individualidade. Mas temos de repetir que, na mesma sociedade, os interesses,

Indivíduo e comunidade | 111

costumes, ou, simplesmente, as fórmulas de tratamento interindividual das classes sociais, que em seu conjunto nada têm a ver com a tábua de valores morais, apresentam uma tendência no sentido de cumprirem uma função avaliativa muito marcada e inequívoca. Recordarmos aqui, ademais, o particular fortalecimento do conformismo.

Voltemos à relação do indivíduo com a comunidade. Do que até agora dissemos, resulta que *pertencera uma comunidade não é um fato obrigatório*. E isso porque, na sociedade burguesa, o homem não nasce numa comunidade, sua existência individual não está determinada por sua existência social: o indivíduo burguês cresce frequentemente fora de qualquer comunidade e chega mesmo a viver assim por toda a sua vida. A maioria dos indivíduos burgueses – pelo menos durante algum tempo – considera algo ideal essa vida sem comunidade, idealizando-a enquanto "liberdade pessoal". A "libertação" do poder da sociedade permite-lhe converter *de modo explícito seus interesses privados* em motor das ações do individualismo, para os quais o chamado "interesse geral" – o progresso – da sociedade realiza-se através da perseguição dos interesses privados. A carência de comunidade converte-se em princípio para o individualismo, ao passo que sua autoconsciência desemboca na chamada "teoria do egoísmo".

Isso não significa que o indivíduo da sociedade burguesa careça necessariamente de comunidade. O que se altera é apenas sua relação com a comunidade. Quando chega a pertencer a uma, trata-se de uma comunidade *construída, livremente escolhida*. Os revolucionários burgueses, os plebeus, criaram sempre comunidades desse tipo, como ocorreu, por exemplo, durante a Revolução Francesa. Logo após, a classe operária começou a construir também suas próprias organizações comunitárias *independentes*. O objetivo da criação de tais comunidades era o prosseguimento vitorioso da luta contra a exploração. O trabalhador que atinge a consciência de classe e cria uma comunidade para abolir a existência das classes, colocando novos valores no lugar da ordem e da hierarquia axiológicas existentes, é o representante de tudo aquilo que a própria sociedade burguesa criou no plano do desenvolvimento da individualidade.

Mas o indivíduo tem sempre a possibilidade de escolher uma comunidade? E qualquer comunidade? A primeira pergunta deve ser respondida com uma inequívoca negação. Basta pensar em artistas como Schubert, Schumann, Beethoven. Todo o mundo afetivo musical deles apresenta a marca da nostalgia de uma comunidade não encontrada ou perdida. É evidente que a possibilidade aludida deve sempre ser analisada em relação com o indivíduo em questão. E, para responder à segunda pergunta, devemos introduzir em nossa reflexão o conceito de "valor".

Essa segunda pergunta é uma questão central própria de nossa época.

Não devemos esquecer que o individualismo burguês já se "esgotara" nos meados do século XIX. Em outras palavras: aquela ingênua confiança de que o indivíduo podia desenvolver-se livremente inclusive fora de qualquer comunidade e de que o interesse individual é um bom fio condutor para a liberdade individual foi-se tornando cada vez mais problemática. A partir do *"fin de siècle"*, o desespero substitui a segurança: o indivíduo experimenta agora a falta de comunidade como solidão, como infelicidade. Isso reflete subjetivamente o fato de que chegou ao fim o desenvolvimento da individualidade na sociedade burguesa, inclusive para os indivíduos representativos. Paralelamente a isso, desenvolvem-se – com crescente intensidade – os movimentos operários; e os intelectuais que aderem a tais movimentos voltam a encontrar nas comunidades que eles formam o sentido de suas vidas. Não se trata de um *"medo da liberdade"*, mas sim de *uma busca da mesma*. O movimento revolucionário florescente no século xx, sobretudo a Revolução de Outubro, deixou marcas indeléveis na intelectualidade, pelo menos no que ela tinha de melhor. A busca de uma atividade em comunidade, que elevasse o indivíduo "nas asas da comunidade", somou-se à *exigência de uma nova sociedade na qual o homem pudesse voltar a ser um ente comunitário*.

Decerto, três fenômenos históricos que se diferenciam em seu caráter e em seu tipo influíram de tal modo em nossa época, que a busca da comunidade voltou a sofrer um retrocesso. São eles: o culto da personalidade no socialismo; o fascismo; a manipulação de grupo no mundo burguês contemporâneo. Devemos repetir que se tratam de três fenômenos inteiramente distintos. Não podemos analisar agora suas diferenças, mas temos de citá-los porque provocaram ceticismo com relação à comunidade e, consequentemente, recolocaram com urgência a questão: Que comunidade deve o homem escolher?

Como dissemos, torna-se necessário, neste ponto, o uso do conceito de valor. Consideramos valor objetivo, ou seja, independente da avaliação humana, o conjunto de todas as relações (produtos, ações, ideias etc.) sociais que *promovem o desenvolvimento da essência humana no estágio histórico tomado em consideração.*

O que é "essência humana"? Essa pergunta pode ser iluminada por uma ideia de Marx, através da interpretação feita pelo jovem filósofo húngaro György Márkus. Segundo essa interpretação, a essência humana consta de atividade de trabalho (objetivação), socialidade, universalidade, autoconsciência, liberdade. Essas qualidades essenciais já estão dadas na própria hominização, enquanto meras possibilidades; tornam-se realidade no processo indefinido da evolução humana.

São de valor positivo as relações, os produtos, as ações, as ideias sociais que fornecem aos homens maiores possibilidades de objetivação, que integram sua socialidade, que configuram mais universalmente sua consciência e que aumentam sua liberdade social. Consideramos tudo aquilo que impede ou obstaculiza esses processos como negativo, ainda que a maior parte da sociedade empreste-lhe valor positivo.

Como esses valores se configuram em esferas heterogêneas, podem certamente entrar em contradição uns com os outros. Há situações sociais que desenvolvem um valor e destroem outro, ou que desenvolvem um valor em seu aspecto social total e impedem seu desenvolvimento nos indivíduos. Por isso, ao escolher uma comunidade, deve-se ter presente o *todo, o predominante* no contraditório complexo de valores, bem como suas consequências possíveis para a explicitação da substância axiológica. A

INDIVÍDUO E COMUNIDADE | 115

explicitação dessa substância, em nossa hipótese, identifica-se com a explicitação da essência humana. Assim, portanto, se quisermos comprovar o conteúdo axiológico de uma comunidade, temos de comprovar inicialmente sua relação com a essência humana e examinar se essa comunidade – comparada com as demais (e possibilidades comunitárias) – explicita a essência humana de um modo satisfatório, bem como o modo pelo qual o faz e em que medida.

O fato de que uma comunidade seja relativamente favorável à explicitação da essência humana não significa, de nenhum modo, que também explicite – *inequívoca e uniformemente* – as capacidades dos indivíduos. Pois não existe paralelismo necessário entre o desenvolvimento humano-genérico e o desenvolvimento individual; na maioria das épocas históricas, ao contrário, verifica-se uma discrepância, que se torna possível precisamente quando a participação do indivíduo numa comunidade baseia-se na escolha autônoma. Basta recordar o terror revolucionário das comunidades jacobinas, necessário para o desenvolvimento de seus conteúdos axiológicos, mas ao mesmo tempo significando ruína moral para muitos indivíduos que delas participavam, sobre a base de uma decisão autônoma e dotados do *pathos* adequado à tarefa histórico-universal que tinham diante de si. Isso é exemplo do caso no qual a explicitação do indivíduo torna-se problemática por causa das contradições axiológicas contidas na comunidade em questão. Mas o paralelismo, também sob outro aspecto, deve ser excluído: as comunidades organizadas tendo em vista determinados fins históricos solicitam sobretudo *determinadas capacidades dos indivíduos.* Por isso, os indivíduos cujas capacidades inatas são congruentes com as qualidades mais importantes para as metas de uma comunidade têm maiores possibilidades de desenvolver sua individualidade do que aqueles cujas capacidades e talentos inatos estão fora de tal tendência.

Portanto, dois motivos podem estar na base da escolha de comunidade: o valor axiológico objetivo da comunidade, seus momentos favoráveis à essência humana; e a intenção de explicitar nela e através dela a própria individualidade. O primeiro motivo tem sempre primazia com relação ao segundo. Essa primazia não é um mero postulado, não se situa na categoria do "dever ser", mas *provém da essência da própria individualidade.*

Com efeito, a individualidade humana não é simplesmente uma "singularidade". Todo homem é singular, individual-particular, e, ao *mesmo tempo*, ente humano-genérico. Sua atividade é, sempre e simultaneamente, individual-particular e humano-genérica. Em outras palavras: o ente singular humano sempre atua segundo seus instintos e necessidades, socialmente formados mas referidos ao seu Eu, e, a partir dessa perspectiva, percebe, interroga e dá respostas à realidade; mas, ao mesmo tempo, atua como membro do gênero humano e seus sentimentos e necessidades possuem caráter humano-genérico. Todo homem se encontra, enquanto ente particular-singular, numa relação *consciente* com seu ser humano-genérico nessa relação, o humano-genérico é representado para o indivíduo como algo dado fora de si mesmo, em primeiro lugar através da comunidade e posteriormente, também

INDIVÍDUO E COMUNIDADE | 117

dos costumes e das exigências morais da sociedade em seu conjunto, das normas morais abstratas etc. Em sua atividade social global, o homem está sempre "em movimento" entre sua particularidade e sua elevação ao genericamente humano; e é função da moral conservar esse movimento. O homem toma-se indivíduo na medida em que produz uma síntese em seu Eu, em que transforma conscientemente os objetivos e aspirações sociais em objetivos e aspirações particulares de si mesmo e em que, desse modo, "socializa" sua particularidade. A *distância* é essencial à individualidade: distância com relação à própria particularidade e, ao mesmo tempo, com relação à própria integração, isto é, uma atitude livre com relação a essa integração. Isso é verdade – de acordo com o grau de desenvolvimento do indivíduo – já no caso das comunidades naturais (que se recorde a relação de Sócrates com Atenas); mas acentua--se particularmente após a dissolução daquele tipo de comunidade.

Dado que a atitude livre com relação à comunidade (ou, em outras palavras, a escolha da comunidade) faz parte da essencialidade do indivíduo, o próprio conteúdo axiológico desse indivíduo manifestar-se-á *antes de mais nada* no conteúdo axiológico da comunidade por ele escolhida. *Quod erat demonstrandum: o primado do conteúdo axiológico objetivo da comunidade ganha legitimidade através da própria individualidade.* E, com isso, torna-se evidente outra coisa: uma comunidade cujo conteúdo axiológico seja basicamente negativo jamais desenvolverá a individualidade, visto que tampouco desenvolve o valor no indivíduo, nem mesmo quando esse se sente bem em tal comunidade, quando acredita ter encontrado nela o espaço adequado para a explicitação de suas capacidades. Quando muito, o que se pode configurar numa comunidade de conteúdo axiológico negativo é a *particularidade pessoal*, não a capacidade de tornar-se autêntico indivíduo.

A história demonstra isso de modo clássico no caso das comunidades fascistas. Essas comunidades, bem como seus mitos relativos, aboliram uma extraordinária conquista da história humana quando suprimiram a liberdade relativa na escolha da comunidade. Em um mundo no qual há vários séculos já não existiam comunidades naturais, o fascismo criou o *mito da comunidade natural*, o mito do sangue e da raça. Esse mito se desmascara quando abole a livre escolha da comunidade e quando deixa patente que os objetivos e conteúdos da comunidade fascista são, em sua totalidade, tão negativos que nem sequer podem manter a aparência da liberdade de escolha. Precisamente por isso, o mito fascista e sua prática tiveram de abolir um dos valores básicos da individualidade, ou seja, a distância acima aludida, aquela distância com relação *não apenas* à particularidade *mas também* à própria integração. A relação imediata, sem distanciamento, com a integração acarreta inevitavelmente o "descontrole", a ilimitação dos afetos particulares. Nas comunidades fascistas, não houve realização do indivíduo; ao contrário, esse se "desintegrou" numa particularidade descontrolada e numa pseudocomunidade que se submeteu sem reservas a exigências pseudo-humano-genéricas.

Ao buscar um contraexemplo também em nosso século, deparamo-nos espontaneamente com a comunidade descrita por Makarenko, em seu *Poema Pedagógico*. Não se trata aqui de uma simples análise das características únicas ou casuais de uma coletividade juvenil, mas de algo bem maior: de um exemplo de comunidade humana socialista, de um exemplo das possibilidades que o socialismo contém em princípio. Não vamos nos deter nas peculiaridades dessa comunidade, pois Georg Lukács já o fez em sua análise desse livro.[10] Basta-nos lembrar seus momentos essenciais. Antes de mais nada, a livre escolha dessa comunidade. Naquela comunidade, podia ingressar quem quisesse, assim como podia sair quem o desejasse. Em segundo lugar, a orientação teleológica da coletividade. A existência coletiva jamais é um fim em si mesma, assim como não são fins em si mesmos a educação ou o "ficar sozinho". Trata-se apenas de resultados produzidos para a realização de objetivos concretos fixados pela sociedade em seu conjunto, embora a *relação da comunidade com essa sociedade total jamais seja aproblemática ou isenta de conflitos*. (Com efeito, a relação da coletividade de Makarenko com a totalidade da sociedade soviética foi sempre uma concordância carregada de conflitos.) E, finalmente: sua estrutura interna, a organização das normas éticas da comunidade, que julga firmemente qualquer ação que nasça da particularidade e destrua os valores globais da coletividade, não deixa, todavia marcas no indivíduo que realizou o ato, com o que sempre se mantém a possibilidade de um renascimento. Ao mesmo

---

10. Georg Lukács, *Werke*, vol. 5, *Probleme des Realismus II, Der russische Realismus in der Weltliteratur*, Luchterhand, Neuwied und Berlim, pp. 417-471.

tempo, essa estrutura oferece ao indivíduo a possibilidade máxima de configurar as mais variadas hierarquias individuais de valor no interior de um âmbito axiológico positivo, a possibilidade de desenvolver os mais variados modos de comportamento. Trata-se de uma organização tão heterogênea, tão polifacética das possibilidades ativas da coletividade que *cada um dos membros* pode desenvolver suas capacidades naturais.

Tem sentido, então, falar numa contradição entre indivíduo e comunidade?

Não é casual que tenhamos contraposto, mais acima, duas comunidades diferentes. Afirmamos que, na primeira, o homem não pode absolutamente desenvolver-se até chegar à individualidade, razão pela qual só lhe resta o recurso de *defender sua individualidade contra a comunidade*; no segundo tipo, ao contrário, ele encontra condições ótimas para a explicitação de sua individualidade. Assim, na verdade, já respondemos à questão de saber o que um homem deve fazer quando existe, na sua sociedade, uma comunidade de conteúdo axiológico positivo: não há dúvida de que deve escolher essa comunidade, a fim de que se explicitem suas capacidades e de que sua individualidade possa desenvolver-se. Bem mais problemática parece a réplica: que deve fazer o homem se sua sociedade não apresenta nenhuma comunidade de conteúdo axiológico positivo?

A substância portadora dos valores é a própria história humana; e ela não se objetiva apenas em comunidades. Supondo – ainda que sem admiti-lo – que uma sociedade não permitisse o desenvolvimento de *nenhuma* comunidade de conteúdo axiológico positivo, poder-se-iam realizar valores em outras numerosas objetivações: na arte, na ciência, na produção etc. E, ainda que o indivíduo não pudesse produzir em nenhuma dessas esferas, continuaria a ter oportunidade de escolher possibilidades positivas. Pode encontrá-las nas objetivações, no mundo intelectual e nas normas de épocas passadas, e pode escolher os valores aí contidos, convertê-los em valores próprios, hipostasiá-los no futuro etc. O fato de que o indivíduo, com tal escolha, entre em contraposição com as comunidades de seu tempo não anula um dado efetivo: o de que ele está escolhendo uma comunidade, ainda que apenas idealmente. O indivíduo decide-se por uma comunidade com aqueles que, em épocas passadas, produziram aqueles valores; decide-se em favor da integração que venha a defendê-los no futuro. *Sem uma tal comunidade ideal não existe indivíduo realmente livre, dotado de conteúdo axiológico positivo*. Tão somente o indivíduo que *renuncia* à humanidade e, consequentemente, à realização de valores em geral pode se abster de escolher uma comunidade: quem escolhe um valor e aspira à sua realização (e as duas coisas são inseparáveis) escolhe também, no mais amplo sentido da palavra, uma comunidade.

Decerto, partimos do pressuposto de que existem épocas que não concedem nenhuma possibilidade de explicitação de comunidades de valor axiológico positivo. Mas não o afirmamos: não acreditamos na existência de épocas desse tipo. É evidente que existe uma grande diferença entre o fato de que uma comunidade de conteúdo axiológico positivo seja característica de uma época ou uma situação apenas excepcional, entre o fato dessa comunidade se desenvolver dentro da tendência principal de desenvolvimento ou o fato de fazê-lo contra a corrente, entre o fato de que possua um âmbito extenso de influência (política, por exemplo) ou se limite a um estreito círculo de amizades. Mas, *de um ou de outro modo*, de um modo amplo ou reduzido, com maior ou menor âmbito de influência, pode-se sempre encontrar uma possibilidade para comunidades desse tipo: e todo verdadeiro indivíduo as *merece*. O homem, enquanto ser humano-genérico, não pode conhecer e reconhecer adequadamente o mundo a não ser no espelho dos demais.

A resistência do homem a uma comunidade de conteúdo axiológico negativo não é simplesmente resistência do "indivíduo" à comunidade, mas oposição do indivíduo a uma determinada comunidade, e precisamente em nome dos valores encarnados por *outra* comunidade (mesmo que só relativamente), ou dos valores ideais de uma comunidade que existiu no passado e que talvez seja agora postulada para o futuro.

Portanto, em toda época, pelo menos em princípio, é possível criar uma comunidade de conteúdo axiológico positivo; mas – e essa limitação tem muita importância – *não para todos*. Existem épocas em que o ato de criar uma comunidade e desenvolver através dela a individualidade requer capacidades tão extraordinárias, um emprego tão intenso de energia moral e intelectual, que só os indivíduos representativos conseguem fazê-lo. Em outras palavras: os homens capazes de criar uma comunidade desse tipo

INDIVÍDUO E COMUNIDADE | 123

convertem-se necessariamente em indivíduos representativos. A "sociedade de massas" manipulada preenche essas condições negativas. Recordemos nossas afirmações anteriores sobre a "sociedade de massas": ela impossibilita cada vez mais a decisão individual, sem a qual não se pode imaginar a comunidade, sobretudo a partir do momento em que a escolha da comunidade converteu-se em requisito da participação nela. O grupo manipulado não funciona como comunidade, visto que, de "resultante" de sujeitos, converteu-se num mero objeto, numa "coisa". Nesses grupos, a aspiração à comunidade e a formas comunitárias (idênticas com aquelas da individualidade e com a reivindicação da explicitação dessa) converteu-se numa ação cada vez mais excepcional, heroica e infrequente.

Como já dissemos, a sociedade não pode *em sua totalidade* tornar-se uma comunidade. Mas depende da totalidade da sociedade – inclusive de sua estrutura econômica – a medida que é possível a configuração de comunidades de conteúdo axiológico positivo e o tipo dos indivíduos aos quais se torna acessível essa possibilidade, ou seja, se apenas aos indivíduos representativos ou se, pelo menos em princípio, a todo membro da sociedade. *Quando falamos de perspectiva socialista, hipostasiamos uma sociedade cuja estrutura oferece a todos essa possibilidade de princípio, uma sociedade construída com comunidades organizadas por indivíduos e produtora de valores positivos.* E, se alguém nos perguntar o que é preciso fazer *hic et nunc*, responderemos: é preciso organizar e assumir comunidades cujo objetivo seja o encaminhamento ou a aceleração do processo social que possibilita o nascimento dessa sociedade.

Sobre os papéis sociais[11]

Os pressupostos do papel social na estrutura da vida cotidiana

A função "papel social" não nasce casualmente, nem do nada, mas resulta de numerosos fatores da vida cotidiana dados já antes da existência dessa função e que continuarão a existir quando ela já se tiver esgotado. Ao estudar a categoria "papel social" de um modo "puro", ou seja, abstrato, segundo sua forma clássica de manifestação, não pretendemos negar que numerosos indícios e numerosas componentes da atitude própria do papel social já estejam dados de modo geral na existência social do homem, e, pelo menos, possam reivindicar um passado bem mais longo que a existência da função "papel social". Ademais, não há nenhuma fronteira rígida entre os comportamentos destituídos do caráter de "papel" e aqueles que o possuem.

Quais são esses fatores gerais?

Mesmo a vida social mais elementar seria inimaginável sem imitação. A mimese humana distingue-se daquela animal já em suas formas mais primitivas; com efeito, o homem é capaz de imitar não apenas momentos e funções isolados, mas também inteiros modos de conduta e de

---

11. Fragmento de um ensaio mais amplo.

ação. Baseia-se igualmente na mimese a assimilação de papéis, pois sem a imitação ativa da totalidade de um comportamento não haveria essa assimilação de papéis. Mas, nessa afirmação, deve-se acentuar a ideia de atividade. Pois mesmo a imitação humana mais mecânica é assimilação ativa. O homem não pode alienar-se de sua natureza de um modo absoluto, nem sequer nesse terreno.

A imitação manifesta-se sobretudo como imitação dos usos. Em todos os estágios do desenvolvimento social, o homem nasce num mundo já "feito", numa estrutura consuetudinária já "feita". Deve então assimilar esses usos, do mesmo modo como assimila as experiências de trabalho. Desse modo, toma posse da história humana, "ingressa" na história, e esse é o marco em que o homem consegue se orientar. Nos vários terrenos da realidade constroem-se estruturas consuetudinárias diferentes. O homem jamais se enfrenta com usos isolados; ele os "aprende" numa totalidade relativa como sistema, como estrutura. O caráter estruturado do uso, a presença simultânea de várias reações consuetudinárias (sistema tanto mais complexo quanto mais desenvolvida é a sociedade), é um dos pressupostos da função "papel". A sociedade não poderia funcionar se não contasse com sistemas consuetudinários de certo modo estereotipados. Esses sistemas constituem o fundamento do sistema de "reflexos condicionados" do homem, sistema que permite aos membros de uma sociedade mecanizar a maior parte de suas ações, praticá-las de um modo instintivo (mas instintivo por aquisição, não como resíduo de uma estrutura biológica), ou seja, concentrar o pensamento, a força moral etc., nos pontos concretos exigidos pela realização de novas tarefas. Se tivéssemos de decidir através de demorada reflexão se vamos ou não saudar a alguém, se vamos ou não acender a luz, o que temos de fazer para obter alimentos etc., não nos restaria tempo algum não apenas para uma ocupação livre, mas nem sequer para o trabalho habitual. Por tudo isso, torna-se necessário, na convivência social, um determinado plano de reações mecânicas fornecidas pelo "papel", mesmo nos casos em que não se trata propriamente de funções do tipo papel.

O mesmo podemos dizer da assimilação da hierarquia de valores morais. Até o homem mais autônomo e mais moralmente consciente é incapaz de avaliar moralmente todos os passos que dá, todas as atitudes que toma. Sempre existem na vida humana determinados pontos nevrálgicos nos quais se projetam muito intensamente os problemas da escolha moral. Mas esses problemas brotam do solo de uma hierarquia de valores já assimilada, que é afirmada ou negada pelo homem em questão; e, apesar disso, não podem se repetir arbitrariamente no momento em que se deseja. Assim, por exemplo, há decisões das quais decorrem outras de modo mais ou menos necessário, do ponto de vista do sujeito, à maneira de uma rotina. Não é pelo fato de assumir um sistema de valores previamente construído que o portador de um "papel" converte sua função em "papel".

A tradição e a moda são formas particulares de manifestação do sistema consuetudinário e também, até certo ponto, do sistema de valores. A tradição ganha maior importância na estrutura social orientada para o passado, enquanto a moda predomina naquela orientada para o futuro. As sociedades pré-capitalistas orientavam-se essencialmente para o passado. Isso implicava não apenas numa estabilidade relativa dos usos assimilados, mas também na orientação da totalidade da vida pela atitude das gerações anteriores, dos antepassados. Os filhos imitavam os pais, os netos imitavam os avós; e isso ocorria em todos os aspectos da vida, das experiências da produção até a moral. Essa situação acarretava, entre outras consequências, o prestígio dos anciãos, e a idade se tornava portadora de múltiplos valores. Os velhos eram os que melhor conheciam as experiências do passado e os mais capazes de resumi-las de *modo* útil. Com a ascensão da sociedade burguesa, a orientação para o futuro começa a se impor crescentemente, a partir do Renascimento, no sistema da convivência humana.

A possibilidade de uma produção indefinida que não se limita ao essencial (Marx) produz no homem a necessidade de modificar-se permanentemente, de renovar-se, de transformar-se. Essa necessidade de novidade, a necessidade de transformarmos constantemente tanto a sociedade quanto nós mesmos, é uma das maiores conquistas da história humana. Mas, com a crescente alienação, também essa conquista converte-se em seu contrário. A orientação para o futuro termina por transformar-se em moda. Da mesma maneira como vão se estereotipando os sistemas funcionais da sociedade, do mesmo modo como os tipos de comportamento tendem a converter-se em "papéis", assim também a orientação para o futuro transforma-se na necessidade de não ficar atrasado com relação à moda. Quem quer então desempenhar adequadamente seu papel não pode se permitir o menor atraso com relação à moda;

tem de segui-la passo a passo, tem de submeter-se a seu arbítrio, tanto no sistema consuetudinário geral quanto no vestuário ou nas esferas estéticas da vida (decoração da habitação, sensibilidade artística etc.). A moda, portanto, é a manifestação alienada da orientação para o futuro, encontrando-se em relação necessária com o crescimento da categoria de "papel". Isso não implica em que a orientação para o passado tenha desaparecido inteiramente na época do capitalismo desenvolvido. Pode, ao contrário, ser até mesmo dominante nas camadas sociais em que o capital penetrou apenas de modo relativo. É o caso, por exemplo, dos pequenos camponeses, ainda que mesmo aqui o fenômeno esteja em regressão. Tampouco se trata de afirmar que a orientação para o passado não esteja absolutamente presente na cristalização dos comportamentos sob a forma de papéis; certamente está, mas apenas com importância secundária.

A sociedade humana tem a propriedade essencial de que o caráter público das ações influi nas próprias ações. O comportamento global dos homens transforma-se quando eles estão colocados diante do público, diante de seus olhos e diante de seu julgamento; os homens, nesses casos, adotam uma "postura" num sentido redundante. Isso se deve, em parte, ao fato de que – colocado no meio público – o homem sente mais intensamente o dever de representar a humanidade, de dar exemplo. Quem grita um viva à pátria no patíbulo, quem declara no leito de morte seu legado moral à família reunida, o menino que se atreve a dizer a verdade ao professor diante de seus companheiros, "superam-se a si mesmos". Por outro lado, é inegável que o homem vê muitas coisas de outro modo quando se encontra sob uma luz pública. Quem cometeu um erro é capaz de vê-lo muito melhor diante do público, e não por oportunismo, mas porque a presença da comunidade funciona como um catalisador: nessa situação, é possível reconhecer os próprios erros, os quais, em outras situações, passariam despercebidos. Mas isso não significa que os homens desempenhem um papel diante do público como consequência de sua essência social; na verdade, o que fazem é ser mais sinceros. Quem se abandona ao medo da morte não é "mais sincero" do que quem a espera serenamente; e quem dissimula seus erros não é "mais sincero" do que quem os vê etc. De resto, ao dar o exemplo, ao nos autocontemplarmos com os olhos do público, a presença da comunidade nem sempre é materialmente necessária. A pessoa intimamente vinculada com as normas da comunidade sente a presença da sociedade mesmo quando esta não está presente, mesmo quando a pessoa em questão está sozinha. O revolucionário executado em segredo, sem ser visto por ninguém, costuma comportar-se de modo nobre e sublime. Em sua mente, está presente a comunidade. E seria possível, de um homem assim, afirmarmos que está apenas representando seu papel diante de si mesmo? De nenhum modo. O ato de assumir uma postura em público não tem nada a ver, em si mesmo, com o desempenho de um papel. Mas não há dúvida que é um pressuposto desse desempenho. Pois, dado que o comportamento humano se decompõe em vários clichês estereotipados e dado que a personalidade autônoma do homem pode perder-se inteiramente nesses clichês, nos casos em que isso se verifica a diferença gradual, a diferença de intensidade sempre existente entre a atitude "solitária" e a atitude "pública" pode converter-se no oposto do acima dito. Nesse caso, o homem em público representa um papel, um papel em sentido literal, "dá seu espetáculo", expressa opiniões, estados de espírito, julgamentos etc., que talvez nada tenham em comum com os que lhe são próprios. Um exemplo de clichê obrigatório destinado ao público é o *"keep smiling"* de moda, o sorriso obrigatório, o otimismo incondicional exigido. Mesmo o homem mais profundamente desesperado sorri constantemente por necessidade, apresenta-se como "otimista", bem-humorado, porque o ambiente público espera isso dele. A cisão da personalidade do palhaço converte-se em norma de toda a sociedade.

A unidade que se manifesta na diversidade, na dialética interna e externa desse fenômeno, não tem importância apenas na relação da solidão com a publicidade. Revela-se igualmente em muitos aspectos da personalidade, pois a multiplicidade da personalidade humana é uma resultante da complexa totalidade de suas relações sociais. Mas não há nenhum homem (nem nenhuma comunidade) que conheça, ou seja, capaz de conhecer o outro indivíduo em todas as suas relações, na totalidade de suas reações. Tanto as pessoas quanto as comunidades podem conhecer ou captar, sempre, tão somente aspectos isolados da personalidade, da essência dos indivíduos. Mas isso não implica, de nenhum modo, em uma contraposição necessária entre "essência íntima" e "manifestação exterior". Por um lado, todo homem pode – mediante suas experiências sociais e individuais – obter um conhecimento do homem que lhe

SOBRE OS PAPÉIS SOCIAIS | 131

permita averiguar se um determinado indivíduo se manifestou num ato importante, decisivo, essencial, ou seja, se determinadas ações do sujeito que ele quer conhecer expressam algo decisivo acerca da sua essência. Com esse conhecimento dos homens, pode-se também avaliar a possibilidade de inferir o comportamento de um indivíduo em situações futuras, ou a atitude do homem inteiro, partindo dessa ou daquela ação. É evidente que uma inferência desse tipo será apenas em raríssimos casos uma operação lógica; no mais das vezes, tratar-se-á de uma intuição. O conhecimento dos homens pode evidentemente se equivocar, mas apenas na medida em que qualquer conhecimento pode se equivocar, na medida em que todos eles levam em si a possibilidade do erro. E nada disso altera o fato de que, apesar da diferença entre a essência e a manifestação do homem, é possível inferir a "inferioridade a partir da exterioridade", e, ademais, é imprescindível fazê-lo.

O aparecimento de estereótipos dificulta extraordinariamente as tarefas do conhecimento dos homens. Pois, quando o homem desempenha um papel, é perfeitamente possível que não se "manifeste" de modo algum naquilo que faz e que suas relações sociais (por numerosas que sejam) não aumentem a variedade de sua substância. Na estrutura própria do papel, degradam-se as relações sociais, que deixam progressivamente de ser elementos qualitativos para serem apenas quantitativos. Por muitos que sejam os papéis desempenhados por um sujeito, sua essência se empobrecerá. Portanto, o conhecimento dos homens é dificultado não apenas pelo fato de que a "exterioridade" em demasia encubra a "inferioridade", mas também porque a própria inferioridade se empobrece. Também aqui estamos diante da alienação de uma propriedade característica do homem. Mas a função "papel" jamais pode esgotar a totalidade dos comportamentos humanos (do mesmo modo como a alienação nunca é absoluta), de maneira que o conhecimento dos homens, embora seja dificultado, não chega de nenhum modo a tornar-se impossível.

Outro aspecto da diferença entre exterioridade e inferioridade ganha também importância no comportamento do tipo "papel": em situações diferentes e na resolução de diferentes problemas, explicitam-se inevitavelmente no homem valores igualmente diversos. A colocação das tarefas atualiza valores potenciais que, sem esse complexo problemático, jamais superaria a condição de mera possibilidade, jamais passariam à existência. Quando, ao terminar uma tarefa, alguém se empenha em resolver outro problema, não se limita a trocar de papel, mas começa a mudar a si mesmo na medida em que a nova tarefa reclama outras qualidades. Uma pessoa, por exemplo, empregava métodos terroristas quando estava situado no cume da hierarquia social, mas depois, ao ser derrubado, converte-se num tolerante; não é inevitável – ao contrário – a conclusão de que num e noutro caso tenha assumido um papel adequado à situação em questão; também é perfeitamente possível que, quando de sua queda e posteriormente, tenha reexaminado sua vida anterior, tenha atravessado uma catarse, uma crise, na qual realmente se transformou. Nesses casos de mudança de função, a transformação real nunca é igual a zero. É um fato elementar que o indivíduo desenvolve capacidades diferentes na execução de tarefas diferentes; e que, em diferentes situações, consegue inverter a atitude de todo o seu ser moral, ou seja, que a "interioridade" do homem transforma-se em interação com a sua exterioridade. Mas, na medida em que os modos de comportamento convertem-se em papéis estereotipados, as transformações se mantêm como meras aparências (sem esquecer que, como dissemos, essas transformações aparentes jamais são absolutamente aparentes, jamais absolutamente nulas). Quando os papéis são múltiplos e intensamente mutáveis, a situação exige do homem uma rica e mutável explicitação de suas habilidades técnicas, de sua capacidade de manipulação. Também e precisamente nesse caso a alienação significa que o enriquecimento das capacidades técnicas e manipulatórias não ocorre paralelamente ao enriquecimento do homem inteiro (de sua essência social-moral), ou seja, – e para voltarmos ao problema aqui analisado, – significa que a mudança de papel não implica absolutamente numa transformação do homem. O fenômeno é expresso de modo bastante plástico no drama *O vigário*, de Rolf Hochhuth. O autor apresenta numerosos fascistas, "burocratas da morte", que prestaram "serviço" nas câmaras de gás de Auschwitz. E esses mesmos homens, sem a menor alteração de sua essência, são hoje comerciantes, especialistas industriais, juízes. Hochhuth sublinha precisamente o fato de que essas pessoas mudaram muito pouco, de que viveram e praticaram sem a menor catarse as monstruosidades do fascismo e sua posterior revelação pública etc., e que neles a mudança de ocupação é uma simples mudança de papel, no sentido primário de uma mudança de papel no palco.

Quanto mais se estereotipam as funções de "papel", tanto menos pode "crescer" o homem até a altura de sua missão histórica, tanto mais infantil permanece.

Ao se generalizarem, os comportamentos de tipo "papel" modificam a função do dever-ser na vida cotidiana. No dever-ser, revela-se a relação do homem inteiro com os seus "deveres", com suas vinculações, sejam essas econômicas, políticas, morais ou de outro tipo. Todos conhecemos, enquanto expressão de fatos da vida, fórmulas de exortação como: "tenho de estar no escritório às oito", "devo ser sincero nesse ponto", "hei de levar sempre uma vida honrada", "tenho de me casar com essa garota", bem como "tenho de escovar os dentes" etc. Não menos conhecido é o fato de que o dever-ser entrelaça-se frequentemente com o fato da representação. Tenho de comportar-me, por exemplo, como um cavalheiro, tenho de saber se sou bom marinheiro etc. Nesses casos de dever-ser, eles podem se referir a um fato singular, a um só assunto, bem como a inteiros complexos de comportamento. Assim, por exemplo, a exortação "tenho de comportar-me como um cavalheiro, ou como um marinheiro" não se refere apenas a um aspecto do comportamento, mas à sua totalidade. Com efeito, a autonomia do homem, sua possibilidade de escolher, sua liberdade no sistema dos casos de dever-ser, revela-se apenas quando tal sistema contém igualmente o dever-ser moral. Se o dever-ser referente ao complexo global do comportamento se torna exclusivo, então chega-se a reprimir ou abolir o dever-ser moral, dissipando-se também a autonomia, a verdadeira alternativa moral, a liberdade do homem. Mas, em situações sociais não alienadas, ou alienadas apenas parcialmente, o dever-ser referido a inteiros complexos de comportamento não apenas *não reprime o* dever-ser moral, mas até mesmo o pressupõe. Assim, o *pathos* básico da vida de Antígona apoia-se no fato de que deve-ser uma boa irmã, ou seja, de que esse dever-ser refere-se ao complexo de comportamento "ser irmã". Como, apesar das ameaças de Creonte, ela decide se manter fiel à tradição moral, decide ao mesmo tempo acerca do modo de cumprir o dever-ser referente ao "ser irmã". Em troca, quando os complexos de comportamento se cristalizam em papéis, não se pode sequer colocar a questão do "como". Sou camareiro, portanto comporto-me como camareiro, como deve comportar-se um camareiro; sou mãe, portanto faço aquilo que uma mãe deve fazer etc. Os estereótipos descrevem detalhadamente o que uma mãe ou um camareiro devem fazer; e, na medida em que os aspectos morais do dever-ser se atrofiam, não pode mais se apresentar a questão de saber se efetivamente serei uma mãe tão boa quanto prescreve o papel, ou se basta como conteúdo de uma vida o exato cumprimento dos deveres de camareiro. O dever-ser converte-se numa exigência puramente externa e minha atitude será uma simples adaptação. Observamos, de passagem, que a conexão dos aspectos do dever-ser é muito mais complicada na realidade. Não apenas os casos de dever-ser moral e os casos de dever-ser referentes aos complexos de comportamento se encontram ligados através de numerosas transposições e sobreposições; essa ligação ocorre também, por exemplo, nas situações de dever-ser político. Seria ridículo, por exemplo, pretender que o operário em greve atue contra o dever-ser de seu papel de operário, embora o ato de trabalhar seja indubitavelmente um elemento do conceito de operário. Mas o indivíduo é um operário consciente precisamente na medida em que derruba, afasta e recusa o papel que lhe é prescrito pelos patrões.

A recusa do papel é característica daqueles que não se sentem à vontade na alienação. Mas o conflito entre os casos de dever-ser, e, neste caso, o conflito moral, que se expressa de modo particular, são inevitáveis na medida em que um homem não submete incondicionalmente todo o seu ser ao papel que desempenha num dado momento. Por isso, os representantes da teoria do papel são inimigos irreconciliáveis de todo conflito. Interpretam os conflitos como "defeitos de organização", como "perturbações funcionais" corrigíveis; alguns chegam a interpretá-las como "complexos", como perturbações psíquicas. Mas o conflito é a rebelião das sadias aspirações humanas contra o conformismo: é uma insurreição moral, consciente ou inconsciente. (E evidente que isso não pode ser dito de todo e qualquer tipo de conflito.)

O dever-ser descreve sempre, de um modo conceitualmente acessível, a relação do homem com sua obrigação. A obrigação manifesta no dever-ser pode ser uma meta do homem, mas não tem necessariamente de sê-lo. Também o ideal contém algo assim como uma exigência, mas esse seu traço característico revela-se muitas vezes inacessível ao conceito. Assim, por exemplo, muitos meninos dizem querer ser como Júlio César, mas sem especificar, sem poder descrever com exatidão os traços, as virtudes etc., do personagem que os atrai. Não é impossível encontrar

Sobre os papéis sociais | 137

os momentos do ideal no comportamento de tipo "papel". Quem deseja assimilar o papel de camareiro, ou o que se sente feliz desempenhando o papel de noivo, não se coloca diante do conceito abstrato de camareiro ou de noivo, da totalidade dos direitos e, deveres e complexos consuetudinários abstratos correspondentes a tais conceitos. É mais certo que escolha como ideal um determinado camareiro ou noivo, passando a assimilar – no ato de imitá-lo – o correspondente comportamento de "papel". A alienação enquanto estereotipia não se revela no fato de que os homens escolham ideais e os imitem em seu comportamento. Esse é um momento necessário do desenvolvimento da personalidade humana. Na concreta escolha do ideal, na autonomia concreta, na liberdade com a qual se escolhe o ideal é que se revela se na sociedade surgem personalidades múltiplas dentro de um determinado complexo de comportamento, de modo a se tornar possível uma variada escolha do ideal; e revela-se, ademais, se mediante a assimilação de tais complexos de comportamento é possível alguém desenvolver-se realmente como personalidade autônoma. Hollywood, por exemplo, produz anualmente a "mulher ideal" de cada temporada, divulga-a em suas películas; todas as garotas, então, querem tornar-se esse ano, precisamente, a "mulher ideal", enquanto todos os homens passam a desejar esse tipo de mulher. Nessa situação, a personalidade individual, o indivíduo, não pode se explicitar na escolha do ideal, pois o ideal é mercadoria, e o homem não é criador, mas consumidor de ideais. Nesse caso, a escolha do ideal não pode ser considerada como um grau de desenvolvimento da personalidade no sentido de uma elevação na qual se torne possível até mesmo recusar o ideal, mas sim uma muleta inteiramente exterior, substituída constantemente – e de modo absolutamente independente da personalidade e da vontade do indivíduo – por outras muletas não menos exteriores. Mas, dado que o ideal é sempre um objetivo, isso significa que o homem recebe seus objetivos já prontos e acabados para o consumo, e sempre de um modo acidental com relação à essência humana pessoal. Isso significa que os ideais de um papel conduzem tão somente ao empobrecimento, à atrofia do homem. Levam simplesmente a uma direção manipulada e, mecanizada do comportamento. É possível aprender com qualquer um as operações e os gestos corretos de uma profissão; mas não é possível aprender a "cortejar" com alguém que saiba fazê-lo.

Para terminar nossas considerações, podemos afirmar que as formas de comportamento, os métodos e os conteúdos cognoscitivos e éticos que aparecem na função "papel" já existiam antes que aparecesse essa função. Contudo, todos eles – a imitação, o uso, o sistema de "reflexos condicionados", a tradição, a orientação para o futuro, a publicidade, a diferença entre o interior e o exterior, a transformação da personalidade, a explicitação de capacidades diferentes em diferentes situações, o dever-ser e o ideal – aparecem no papel de modo alienado. Em seguida, vamos estudar de dentro a categoria "papel". Primeiro, em seu aspecto objetivo, do ponto de vista de sua posição no sistema das relações sociais; e, depois, com referência ao sujeito, de acordo com o aspecto de sua relação com o papel do homem.

SOBRE OS PAPÉIS SOCIAIS | 139

Indivíduo e papel social

JÁ INDICAMOS QUE O comportamento do indivíduo com relação ao seu papel ou a seus papéis pode variar muito. E essas variações são praticamente inesgotáveis. Mas, de qualquer modo, se prescindirmos das formas de transição, podemos distinguir quatro comportamentos fundamentais, quais sejam: 1) identificação; 2) distanciamento aceitando as regras de jogo dominantes (incógnito dissimulado); 3) distanciamento recusando intimamente as regras de jogo dominantes (incógnito oposicionista); 4) recusa do papel.

A plena identificação com o papel ou os papéis é precisamente a forma direta de revelar-se a alienação. Nesse caso, chega-se a perder a continuidade do caráter, chega-se à completa atrofia, à dissolução da personalidade. Típico exemplo literário é Peer Gynt, que – após uma vida mais do que rica em aventuras e aparentemente muito variada – volta a sua pátria e vê-se obrigado a constatar que, como as cebolas, só tem cascas e nenhum núcleo. Essas cascas são os vários papéis, enquanto o núcleo humano inexistente é a personalidade dissipada.

Diferentemente dessa atitude, no incógnito dissimulado o homem não se identifica com seu papel. É capaz de penetrar no papel e em sua função social. Por isso, tem uma personalidade que não se dissipa, que não se aniquila. Mas, dado que a preservação de sua personalidade corre paralelamente à aceitação e aproveitamento da realidade (realidade que ele aceita tão mais prazerosamente quanto pior ela é), essa personalidade torna-se demoníaca, amoral. Ninguém o conhece, mas ele conhece todos e tem todos em suas mãos, de tal modo que – para aludir apenas a um exemplo – pode se distrair, como o faz Tartufo, com os honestos cidadãos que perderam a capacidade de ver através dos papéis. Mas é extremamente importante e nunca se sublinhará em demasia o fato de que todos esses jogadores demoníacos que vivem no incógnito não podem jamais evitar seu colapso final, por muitas que sejam as almas que tenham confundido e dominado. É o que podemos depreender, em todo caso, da arte e da história. Cippola enganou muitos cavalheiros de Roma, mas no final chega Mário e dispara sua arma contra ele.[12] E isso indica uma coisa não menos importante: que todos os experimentalistas que podemos encontrar entre os criminosos da literatura e da história – ou seja da vida – compartilham os preconceitos da moderna filosofia burguesa. Com efeito, todos eles desprezam tanto os pobres homens que desempenham seus papéis que passam a considerar a fetichização como algo absoluto e definitivo, acreditando assim, que é possível manipular o homem tanto quanto se queira. Mas sempre acontece que, na realidade, os homens não são manipuláveis indefinidamente e em qualquer direção, pois sempre existe um ponto limite, um *limes* no qual deixam de ser objetos e se transformam em sujeitos: que existe um ponto além do qual já não é mais possível confundir os homens e os povos. Esse ponto pode surgir em lugares diferentes quando se trata de homens diferentes, ou seja, um homem

---

12. Personagens e situações da novela *Mário e o mago*, de Thomas Mann. (*N. do T.*)

poderá ser arrastado a uma situação de desumanidade diante da qual outro já terá gritado "basta!". E também nos vários povos esse ponto se situa em locais distintos; basta comparar, para exemplificá-lo, o fascismo alemão com o italiano. A localização do ponto varia também segundo as classes: o pequeno burguês (visto, certamente, no nível médio da sua classe) é moralmente mais débil que o operário etc. Mas, em todos os casos, o ponto sempre existe.

A estrutura psicológica básica do homem situado num incógnito de oposição parece-se formalmente com a do homem em incógnito dissimulado. Também o de oposição representa, em maior ou menor medida, o papel que lhe é exigido no mundo, mas não abandona seu núcleo humano, já que distancia sua personalidade daquele papel; todavia, no que se refere ao conteúdo e à moralidade desse comportamento, trata-se de um fenômeno inteiramente diverso do anterior. O homem situado num incógnito de oposição encontra-se em contraposição com o mundo em que vive; não despreza os homens que representam ingenuamente os vários papéis, mas sim o mundo que lhes prescreve tais papéis. Preserva as normas morais de tempos passados ou tem uma marcada sensibilidade para com as normas morais de épocas futuras. Não se sente à vontade na realidade; esta lhe faz sofrer, assim como também sofre por causa dos papéis que tem de representar. Gostaria de manifestar-se, de depor o seu incógnito, de estabelecer contatos com os homens, de travar relações; mas não encontra nenhuma comunidade em que isso seja possível. Já não é mais um conformista, mas tampouco chega a ser um revolucionário. Esse comportamento é muito frequente entre os melhores representantes da intelectualidade burguesa. Para descrevê-lo mais plasticamente, transcreveremos uma bela poesia de Árpád Tóth, o conhecido poeta húngaro:

Mascarado (Álarcosan)

Estou mal-humorado? Sou taciturno, fechado, talvez frio?
Perdoa-me. Se eu pudesse,
gostaria de oferecer em abundância
toda a luz, todo o calor do mundo.

Palácios. Palmeiras. Danças.
A Riviera infernal com violetas
ou, pelo menos, de quando em vez,
uma feliz, uma rica hora de companhia.

Mas agora é tão difícil. Agora não posso
mentir nem roubar nenhum raio.

Serei derrotado
numa convulsa luta sem glória.

Esse é o tempo do Anticristo.
Brilha a repugnante sujeira dourada do mundo.
E entram no Céu:
nadas engravatados, canalhas sutis.

Mas eu luto aqui embaixo; e ninguém nem vê
esses tormentos que me queimam nas noites do
meu silêncio.

Tem paciência. Ainda hão
de chegar os dias de harmoniosa música.

Tem paciência. Enquanto puderes,
continua a ser o porto que me espera, meu refúgio
em flores.

Agora levo uma máscara fria e obscura,
mas dela me libertarei.

Porque, se não o fizer, encharcada de lágrimas
ela cairá aos pedaços em teu seio.
E tu então me acalentarás, me acalentarás em teu colo
até a morte.

No caso daquele que recusa um papel, a categoria "distanciamento" é superada, conservada e elevada a um nível mais alto. Esse homem já não se distancia do papel, nem tenta preservar sua personalidade através do papel, mas a realiza sem inserir-se na ordem dos comportamentos de tipo "papel". Trata-se sempre de um rebelde, ainda que não necessariamente de um revolucionário. É evidente que existem recusas de papel que são uma questão puramente privada. Nesses casos, quem consuma essa recusa não se preocupa absolutamente com o problema de saber se, para os outros, os comportamentos do tipo "papel" são ou não obrigatórios. Ele se limita a negar essa obrigatoriedade para si mesmo. Há épocas nas quais esse tipo de recusa do papel entra na moda, como ocorreu com o costume de *"épater le bourgeois"*, praticado pela juventude intelectual de princípios do século. Shaw construiu numerosos excêntricos desse tipo, como, por exemplo, o Senhor Trefusis, que se recusa a vestir luto pela morte de sua mulher tão somente porque é isso que esperam dele. A expectativa tem sempre efeitos negativos sobre o excêntrico, pois esse faz sempre, intencionalmente, o contrário do que esperam que ele faça. (Ademais, Shaw mostrou – com grande agudeza – que esse tipo de atitude excêntrica é um luxo, já que é necessário muito capital para poder mantê-la). De qualquer modo, observaremos aqui que a recusa particular de papéis não se converte necessariamente em excentricidade, embora isso seja muito provável, tendo em vista que não existe nenhuma norma sociomoral com a qual medir o conteúdo moral da realização da personalidade. Por isso, nesses casos, a realização da personalidade é sempre problemática.

Em troca, aquele que recusa o papel por motivos revolucionários não apenas subtrai sua própria pessoa ao jogo dos papéis, mas também se opõe à base econômica e política de determinadas funções de papel e se propõe a abolir a sociedade que produz os costumes e usos determinados que se cristalizaram em papéis. Que se pense, por exemplo, em Lênin, que era inimigo radical de todos os clichês de comportamento, mas apesar disso insistiu na conservação das normas tradicionais elementares, embora nos clichês de comportamento expressem-se precisamente, com frequência, de um modo fetichizado e alienado, essas normas.

A relação geral média com os papéis se apresenta, decerto, nos períodos históricos relativamente tranquilos, como de identificação, como perda de si mesmo na simultaneidade e na sucessão dos papéis representados. Nesse processo, o interesse é sempre a determinante mais abstrata e mais universal. Isso pode ser visto claramente nos casos conflitivos, mas se trata de uma situação que – embora possa ser latente existe em todos os casos. A determinante universal mais concreta é a socialidade do homem, a aspiração de todo homem no sentido de que essa socialidade se realize em contatos externos, em relações humanas. No princípio de minha exposição, referi-me ao fato de que o capitalismo desenvolvido aliena todas as relações humanas, cristalizando em papéis todos os sistemas consuetudinários, todas as hierarquias de comportamento etc., de tal modo que os fatos vitais imprescindíveis para a convivência humana, tais como a imitação, os estereótipos básicos, a relação com a tradição, os costumes etc., passam a aparecer sob a forma de papéis. Para a média dos homens, é prática e teoricamente impossível distinguir entre as estruturas valiosas ou relativamente valiosas da tradição etc., e a sua função de papel. Para efetuar essa distinção, são necessárias capacidades intelectuais incomuns, bem como uma força moral extraordinária. Essas possibilidades aumentam subitamente em épocas revolucionárias, mas os períodos de crise revolucionária aguda são relativamente curtos se comparados com todo o desenvolvimento capitalista. Quanto mais desenvolvido é o capitalismo, quanto mais encobertas são suas manifestações de crise, tanto mais heroico vai se tornando até mesmo o mero comportamento médio estoico que se distancia do papel.

Embora tenhamos estabelecido uma relação entre a identificação com o papel e a alienação, com isso não queremos afirmar que haja sempre uma razão direta entre a medida dessa identificação e a alienação. A situação está determinada em grande parte pela relação entre as concretas possibilidades dadas à personalidade e o papel concreto em questão. Existem, por exemplo, possibilidades pessoais que podem ser desenvolvidas – ainda que limitadamente – em determinados papéis. Nesses casos, naturalmente, a alienação será menor do que quando o papel em questão ou o sistema de papéis for contrário às possibilidades pessoais de um homem em todos os terrenos. De modo análogo, as motivações psicológicas conscientes ou inconscientes da identificação podem diferir muito; e é evidente que influem de modo muito variado no desenvolvimento ou na involução da personalidade. Um papel pode, por exemplo, ser assumido por obrigação íntima. Embora o papel seja objetivamente conforme a estrutura social dada e embora também o seja a determinante última da motivação, pode ocorrer – se essa determinação aparecer à consciência sob uma forma inconformista, ou seja, se na esfera da chegada da motivação à consciência se der uma aparência de inconformismo – que a personalidade se empobreça apenas limitadamente. O resultado, sem dúvida, depende em grande medida do conteúdo sociomoral dos papéis em questão. Mas não há dúvida de que o desenvolvimento da personalidade tem menos possibilidades de ocorrer nos casos em que as motivações conscientes se adaptam aos papéis aceitos e diretamente expressos pela opinião pública manipulada.

Também aqui devemos fazer uma distinção. Não é possível identificar a diferença que existe entre aceitar um papel por obrigação íntima ou aceitá-lo através da manipulação com aquela que se estabelece entre os fatos da consciência e os da espontaneidade. Pois tanto a consciência quanto a espontaneidade apresentam formas alienadas e formas não alienadas (deixando-se de lado a amplíssima escala de formas de transição). Quando a cristalização das formas de comportamento em papéis é um processo já adiantado da consciência, ele não se contrapõe simplesmente à espontaneidade, mas as contraposições reais se verificam, por um lado, entre a consciência alienada e a não alienada, e, por outro, entre a espontaneidade alienada e não alienada. Em ambos os casos, o problema consiste em saber a profundidade com que essas formas conseguem penetrar na essência da personalidade, a proporção com que essa terceira dimensão (a profundidade) determina as ações. Decerto, há muitas coisas que são consciência, mas consciência caricatural e fetichizada; por exemplo, saber reconhecer as exterioridades de um determinado *statu quo* da realidade, saber "utilizá-las", saber prever dentro dos seus limites, ser capaz de decidir aos vinte anos o que se poderá ganhar em determinado emprego quinze anos mais tarde, quando será conveniente casar, quantos filhos convirá ter etc. De modo análogo, representa uma caricatura fetichizada da espontaneidade o homem que tudo aceita, sem preocupações, do modo como lhe aparece na vida; o homem que atua segundo o princípio do "seja o que Deus quiser", sem nenhuma perspectiva que transcenda o dia a dia. A verdadeira espontaneidade é sempre exteriorização da personalidade, e, como tal, um ato de liberdade; a verdadeira consciência é um comportamento que busca as conexões objetivas da realidade, sendo também um ato da liberdade: A espontaneidade criadora está acima da consciência conformista; por sua vez, a consciência criadora está acima da espontaneidade criadora, embora sempre conservando dialeticamente os elementos da espontaneidade.

Por conseguinte, é inteiramente equivocado afirmar que o índice psicossocial de *status* e a capacidade de desempenhar papéis são correlativos. Essa tese significa não apenas uma aceitação do *statu quo* dos países mais manipulados, como também situações extremas que não predominam sequer em tais países.

Não é verdade, em primeiro lugar, que um caráter seja tanto mais social quanto mais adaptável, quanto maior número de papéis for capaz de "representar" sucessiva e simultaneamente. Os indivíduos não suficientemente adaptáveis a nenhum papel foram sempre autênticas personalidades, portadoras de novas tendências sociais e de novas ideias. Disso decorre, em segundo lugar, que a maior ou menor adaptabilidade ou a maior ou menor aspereza de um caráter colocam problemas que, de nenhum modo, são apenas puramente psicológicos. É evidente que se trata também de um problema psicológico, mas em igual medida – ou mesmo em maior medida – estão implicados valores morais. Um caráter é muitas vezes inflexível, ou insuficientemente flexível, pela simples razão de que não quer ser diferente, porque vê na flexibilidade que a tudo se adapta indignidade e amoralidade. Por que os meninos em idade escolar simpatizam muito mais com o papel de chefe de bandidos que com aquele de provocador policial? Ambos são papéis. Se deve responder que é o desprezo geral o que impede a segunda escolha, essa resposta será suficiente para refutar a tese de que o índice psicossocial de *status* seja correlativo da capacidade de desempenhar papéis. Mas irei ainda mais longe. Em ambientes como os internatos, nos quais pode ser uso e sintoma de distinção troçar dos calouros, dos estudantes do primeiro ano, há sempre estudantes veteranos que se negam a participar dessas brincadeiras, ainda que, por causa disso, sua comunidade os despreze e até mesmo os segregue. E ocorre, com frequência, que aquele que é capaz de suportar essa segregação passa a desfrutar depois de um prestígio maior que qualquer outro de seus colegas de curso. Mas, se responde que os homens que se negam a aceitar determinados papéis, que os homens não dispostos a aceitarem qualquer papel, terminam inevitavelmente segregados quando chegam à idade adulta, por que considerar essa resposta uma verdade eterna, "correlação psicossocial", ao invés de sublevar-se contra ela?

O condicionamento do papel social

JÁ VÁRIAS VEZES sublinhamos o caráter condicional da função "papel". O homem é mais do que o conjunto de seus papéis, antes de mais nada porque esses são simplesmente as formas de suas relações sociais, estereotipadas em clichês, e posteriormente porque os papéis jamais esgotam o comportamento humano em sua totalidade. Assim como não existe nenhuma relação social inteiramente alienada, tampouco há comportamentos humanos que se tenham cristalizado absolutamente em papéis.

Vimos que as funções de tipo "papel" são condicionadas, antes de mais nada, pelo conjunto da sociedade. Mesmo nos contextos mais manipulados, produz-se constantemente a "recusa do papel". Em todos esses contextos, há excêntricos, rebeldes e revolucionários. Até mesmo os contextos mais manipulados estão repletos de homens que vivem em "incógnito de oposição".

Embora limitando nossa investigação ao comportamento objetivamente cínico, embora pensando apenas naqueles que se identificam com seu papel ao aceitá-lo, ainda assim nos encontramos diante do referido caráter condicional.

Pensemos no camareiro de Sartre. Esse camareiro representa dia após dia, do início da manhã até o fim da noite, o papel de camareiro. Mas que acontecerá no dia em que – hipótese nada excepcional, mas cotidiana – alguém por ele servido (uma garota, ou uma velha senhora) começar a se sentir mal? Como reagirá a essa situação inesperada? Nas "expectativas" do papel de camareiro não existem preceitos ou receitas que digam se, ao necessitar um concreto ser humano de uma ajuda concreta, deva o camareiro ajudar-lhe, nem tampouco o modo de tal ajuda. Nessa situação, portanto, o camareiro não se comportará de acordo com as expectativas do papel. Seria ridículo afirmar que, nesse caso, o camareiro "assume" os papéis de médico, enfermeiro, amigo etc. A verdade é que, na hipótese examinada, devem entrar em ação as qualidades humanas mais gerais e imediatas, como a bondade, a solidariedade, e também – e não em último lugar – a capacidade simpatética de conhecer uma situação e, com ela, o emprego do tato. Ou, no caso de um comportamento contrário, as qualidades humanas, também gerais e imediatas, de indiferença, egoísmo, falta de tato, comodismo etc. É claro que as qualidades que, num tal caso, impõem-se em primeira instância não se limitam a papéis determinados, mas são características do homem inteiro, do indivíduo. Em situações novas, surpreendentes, nas quais os estereótipos deixam de funcionar ou funcionam mal, restabelece-se sempre a unidade da personalidade, ou seja, manifesta-se repentinamente como é o homem em questão, de que tipo de homem se trata. Daremos também aqui um exemplo literário: o Holmer, de Ibsen, desempenha durante toda a sua vida dois papéis.[13] É um funcionário duro e egoísta; mas, ao mesmo tempo, um marido amável e afetuoso e um pai exemplar. Quando se encontra diante de uma situação nova, de uma situação conflitiva, desprende-se subitamente de qualquer elemento de papel e comporta-se também diante de sua mulher como um egoísta brutal e desumano. Inutilmente tenta retornar a seu "papel" familiar anterior, após o conflito. Nora já o conhece e não acredita nele. Quanto mais conflitiva e desconhecida, quanto mais inédita for uma situação, tanto menos será possível comportar-se diante dela conforme as prescrições de um papel. Por isso, já sublinhei repetidamente que o elemento "papel" do comportamento debilita-se do ponto de vista social geral nos casos em que, durante seu decurso, produz-se uma situação conflitiva repentina e revolucionária.

---

13. Os eventos; descritos são tomados da peça *Casa de Bonecas*, de Henrik Ibsen. (*N. do T.*)

Assim como a perda da personalidade, também a interrupção da continuidade do caráter é naturalmente uma simples tendência. Quanto mais fetichizado estiver o comportamento humano, tanto menos os vários papéis conseguem lhe imprimir marcas, caso em que o homem já será velho mas continuará pueril. Mas, também aqui, deve-se recordar que não existe nenhum contexto, por mais alienado que seja, no qual os papéis assumidos não deixem marca alguma no sujeito, visto que – embora isso pareça paradoxal – a própria circunstância de que um homem assuma e realize cegamente determinados papéis diz algo sobre ele; também a vacuidade, a corrosão moral, são um conteúdo humano, embora se trate de um conteúdo negativo. Toda negação é, ao mesmo tempo, afirmação: esse princípio também se aplica plenamente ao caráter.

Como já dissemos, o menino não se reconhece simplesmente em outros papéis, mas sim no ser-outro em geral, em outrem. E já dissemos que o menino não assimila papéis, mas sim modos de comportamento, percebendo a unidade deles. Quando, na vida adulta, perde-se paulatinamente essa sensibilidade (o que ocorre na medida em que a sociedade é manipulada) e as expectativas vão se estreitando efetivamente até coincidirem com as do papel, nem mesmo assim elas chegam jamais a identificar-se completamente com o papel. Basta pensar num fato elementar: a escolha do companheiro sexual ou do cônjuge. Os sociólogos norte-americanos costumam lamentar o fato de que essa decisiva esfera da vida esteja profundamente manipulada; notam que os esquemas de tipo "papel" revelam-se decisivos na escolha do companheiro e que o conjugue "ideal", do qual o cinema e a televisão fazem propaganda, determina em dado momento a escolha, a qual incide, portanto, nas pessoas que melhor representam esse papel. E isso se refere tanto às qualidades externas (ideal conformista de beleza) quanto às "internas". Mas, dentro do grupo dos muitos homens ou das muitas mulheres uniformes, escolhe-se precisamente esse ou aquela, não esse outro nem aquela outra, e essa circunstância não pode ser explicada exclusivamente pelo acaso. É inimaginável que não haja, mesmo no interior dos estereótipos, nenhuma qualidade particular, individual, nenhum matiz individual que não "permaneça", por assim dizer, nada particular que atraia mais para uns do que para outros; e: também é impossível que esses "matizes" individuais sejam apenas externos, sem nenhuma característica simultaneamente interna. Certa feita, ouvi de uma mulher: "Um homem não gosta de nós pelo tipo de sua relação conosco, mas pelo tipo de sua relação com o mundo." É evidente que não se trata das palavras que deveriam decorrer das expectativas de seu papel. Mas, inclusive no caso das expectativas adequadas ao papel, deve-se negar que sejam indiferentes as formas de comportamento nos campos não determinados pelo papel (nesse caso, pelo papel de marido) com relação aos sentimentos (por mais pobres que sejam) ou com relação a escolha (por mais mecânica que seja).

Já dissemos que, no comportamento de "papel", os homens atuam segundo as regras do jogo. Mas, tampouco aqui deve-se passar por alto o fato de que não existe nenhum comportamento, por mais que esteja cristalizado em papel, no qual não desperte, com maior ou menos frequência, a consciência da responsabilidade pessoal, ou, pelo menos, a sensibilidade correspondente. A consciência moral e os apelos, dessa consciência jamais se reduzem exclusivamente à observância ou ao desprezo pelas regras do jogo da vida, à questão vitória-ou-derrota. Qualquer homem psiquicamente normal pode distinguir entre a vida real e o jogo; e efetivamente o faz. Precisamente nisso se encontra a linha divisória entre a esquizofrenia social e a esquizofrenia médica; o esquizofrênico médico perde realmente a capacidade de distinguir entre o jogo e a vida, entre a representação e a realidade. Muitos psicólogos sociais não reconhecem esse fato elementar porque passam da investigação dos fenômenos patológicos à análise do comportamento de homens psiquicamente normais e interpretam a analogia como se fosse uma identidade.

Last but not least: a existência econômica das diversas classes e camadas não condiciona na mesma medida a formação de papéis estereotipados em clichês. As mais expostas à fetichização do comportamento humano segundo as regras do papel são as camadas dos pequenos burgueses, dos burocratas, dos *managers* e dos pequenos capitalistas. Menos expostos a essa fetichização são a classe operária e as camadas superiores da burguesia. No caso da classe operária, o decisivo é que o processo de trabalho – por mais alienado e mecânico que seja – presta-se pouco à formação de papéis estereotipados em clichês. Pode-se "representar" o papel de porteiro de hotel, assim como um diretor-gerente pode sem dúvida sumir no papel de "diretor-gerente ideal". Mas não é possível "representar" o papel de "torneiro ideal", pois diante de um torno nada há a fazer senão trabalhar, e servindo-se precisamente dos movimentos mais simples e econômicos entre os conhecidos. Todos esses movimentos estão determinados pela peça trabalhada e pela ferramenta, e não diretamente pela relação social. Os representantes mais destacados da burguesia – cujos comportamentos cotidianos podem ser clichês – veem-se constantemente em face da necessidade de elaborar respostas não determinadas pelo papel, por causa da luta de classes nacional e internacional e por causa do constante aparecimento de situações novas. Se respondesse conforme o papel estereotipado em clichês, a burguesia já há muito teria desaparecido.

Na leitura de novelas policiais norte-americanas de hoje, podemos encontrar frequentemente a seguinte situação: parte-se de um fato que merece punição e tenta-se descobrir seu autor. O caráter dos personagens não oferece nenhuma ajuda para essa investigação sobre a autoria do crime. Por quê? Porque não são caracteres, não são personalidades, de modo que em princípio todos poderiam ter cometido o ato em questão. O assassino é "substituível": todos podem ser assassinos. A tensão resulta precisamente do fato de que ora suspeitamos de um, ora de outro, até que – no final – o genial detetive consegue descobrir o verdadeiro assassino. Esse genial detetive é o único que consegue penetrar com o olhar em todas as complicações, é o único situado acima do mundo do acusado, é o único capaz de jogar com os seres humanos, e, por conseguinte, de triunfar em última instância. Ora, se o mundo absolutamente manipulado existisse, seria precisamente assim.

Todavia, "enquanto for capaz de aspirar, nosso coração não será uma ficha".

O LUGAR DA ÉTICA NO MARXISMO

TODO MOVIMENTO SOCIAL importante, mais cedo ou mais tarde, deve enfrentar os problemas éticos. Pode não tomar posição espontaneamente, pode não propor aos seus seguidores uma teoria, uma ideologia, ou perspectivas ligadas a semelhante teoria ou ideologia, porém, se exige uma militância consciente não pode deixar de assumir uma atitude determinada, positiva ou negativa, em face da tradição moral. No entanto, do fato de que um movimento social importante não pode existir por muito tempo sem uma tomada de posição diante da ética não decorre que o seu alcance, a sua importância e o entusiasmo que ele suscita estejam ligados, de modo diretamente proporcional, à elaboração da sua ética. Isso aparece de maneira evidente no estudo dos movimentos socialistas. O marxismo já existe há mais de um século, há mais de um século ele exerce sua influência, mobiliza massas. Hoje, de um modo ou de outro, ele se acha na base da concepção do mundo adotada por movimentos que exercem influência política no mundo inteiro. Nenhum dos marxistas, contudo, mesmo os mais notáveis, nenhum deles definiu os problemas da ética, a não ser de maneira apriorística. Apesar disso, a ética possui no conjunto da teoria marxista um lugar que merece exame e que nós gostaríamos de examinar, mesmo porque se impõe hoje a exploração urgente dessa "terra desconhecida".

Não basta certamente constatar que um movimento de importância histórico-mundial, cuja doutrina inclui teoricamente uma posição diante das questões morais, não formulou no curso de um século sua ética; é preciso nos perguntarmos por que não a formulou.

A ausência de uma ética em um movimento não significa certamente que ele não tenha seus costumes e que nestes não haja um código moral. Entre esses três existe um nexo. E, nos costumes de um determinado movimento, no seu código, no seu código moral, em seus conteúdos e suas funções, podem ser encontrados elementos para uma resposta à pergunta: por que semelhante movimento possui ou não possui uma ética, e por que semelhante ética é exatamente assim e não de outro modo?

O código moral e a ética podem ser inversamente proporcionais um ao outro. Se as escolhas e as ações são guiadas por um código fixo, a opção é relativamente segura e o seu conteúdo moral nunca é problemático. Além disso, a opção nunca apresenta o caráter de opção individual, só se apoia minimamente num risco pessoal, nunca é dinâmica (no sentido de poder levar em conta o "elemento novo"). Quando, numa situação concreta, uma escolha se impõe, a ética não contribui para trazer uma certeza maior; ela pode até, ao contrário, diminuir o grau de certeza. Ela não facilita a escolha: leva ao reconhecimento dos diversos aspectos da situação e do caráter relativo da opção, leva à tomada de consciência de seus riscos e possíveis consequências. Quando o indivíduo se coloca a pergunta referente ao conteúdo moral e aos possíveis abertos à sua ação, a ética pode proporcionar uma resposta a essa pergunta, mas nunca lhe oferecerá conselhos concretos.

Um movimento elabora uma ética, elabora os nexos teóricos da sua ética, quando os seus costumes e as suas necessidades morais apresentam maior afinidade com a ética do que com a ação codificada. Mas o conteúdo das suas necessidades morais depende de fatores muito variados. Enumeremos alguns deles:

a) uma ética só pode se formar em movimentos que não se considerem absolutos, isto é, em movimentos que se considerem um fator no conjunto dos movimentos da sociedade, um fator da história;

b) a elaboração de uma ética torna-se possível e necessária quando a espontaneidade do movimento é cortada. Nas épocas históricas em que os acontecimentos (entre os quais o movimento em questão) se desenvolvem sem comoções internas e sem pontos de estrangulamento, o que se vê aparecer é uma ideologia da espontaneidade e uma postura burocrática, que subestimam a importância das opções humanas. Por isso, é natural que a ética, na doutrina do movimento, só passe ao primeiro plano em épocas revolucionárias (de crise positiva) e quando no interior do próprio movimento manifestam-se contradições (crise negativa);

c) a constituição da ética é possível e se torna necessária quando, no seio de uma comunidade, o juízo individual (e portanto o papel da decisão individual) assume real importância; particularmente quando um grande número de indivíduos se acha em uma situação na qual se torna impossível para eles agir de acordo com o código;

d) por fim, para que em um movimento se forme uma ética, é necessário que nele exista urna consciência de si, uma autoconsciência, uma autocrítica. Não se trata apenas de reconhecer com isso sua relatividade histórica; trata-se da tomada de consciência das contradições internas do movimento por parte dos indivíduos, contradições que aparecem aos referidos indivíduos como contradições morais.

Os termos "possível" e "necessário" possuem significados que podem variar, de modo que convém esclarecer que, na realidade, na acepção com que acabamos de utilizá-los, a "possibilidade" é absoluta, ao passo que a "necessidade" é hipotética, constitui o objeto de uma alternativa: indica uma necessidade cuja satisfação depende de um grande número de fatores heterogêneos.

Desde o nascimento do socialismo até os nossos dias, tais condições nunca se reuniram. Isso ainda é mais verdadeiro para os movimentos socialistas não marxistas, que preferimos não levar em conta no presente estudo.

Na evolução do movimento marxista, podemos distinguir aproximativamente as seguintes etapas:

a) o desenvolvimento do marxismo no próprio Marx, na época da Revolução de 1848 e da Primeira Internacional;

b) a Segunda Internacional, isto é, o marxismo dos clássicos da social-democracia;

c) o renascimento do movimento revolucionário marxista, do começo do nosso século até a consolidação definitiva da sociedade soviética (Lênin e o leninismo, Luxemburg, Jaurès, Gramsci, o Lukács de *História e consciência de classe*, e, sob certos aspectos, Pannekoek e Otto Bauser;

d) o período do culto à personalidade, do marxismo positivista e manipulatório;

e) a inversão da tendência. No curso dos anos sessenta, particularmente, as tentativas de suscitar um segundo renascimento do marxismo.

Queremos desde logo afirmar que a premissa e ao mesmo tempo o postulado de uma ética marxista já se apresentaram em três ocasiões: no próprio Marx, no período revolucionário do começo do século xx e, por fim, nos nossos dias.

Se consideramos os fatores que tornam possível o nascimento de uma ética, compreenderemos facilmente por que semelhante possibilidade não se apresentou nem na época da Segunda Internacional nem no tempo do culto à personalidade.

O movimento operário do final do século xix ficou mais ou menos isolado do conjunto da sociedade. Baseou-se sobretudo na espontaneidade e se interessou unilateralmente pelos fatores econômicos. É natural, portanto, que a práxis, sobretudo as motivações da práxis, mas também a heterogeneidade de seus sistemas de valores, tudo isso tenha ficado fora de seus horizontes ideológicos. De tal situação resultou que a ética foi definida unanimemente como uma ética de classe e, ainda por cima, como um sistema absoluto e fechado, elaborado à base de interesses e necessidades, e tornando biológicas as motivações morais. Era uma posição mais aproximada da de D'Holbach ou da de Darwin do que da de seus pontos de partida marxianos. A ética de Kautsky nos fornece um exemplo eloquente do que dizemos, porém, poderíamos lembrar também o estudo em que Lafargue analisa o nascimento das noções morais. O próprio Engels, em alguns capítulos de *Anti-Duhring*, "adaptou" a teoria do egoísmo dos filósofos do século XVIII à análise das classes. A evolução tranquila dessa época não compelia o movimento a tomar consciência dessa sua carência de uma ética.

O marxismo da época do culto à personalidade adotou quase que integralmente a interpretação da moral realizada por Kautsky e Plekhanov, acrescentando-lhe entretanto algumas inovações. Na realidade, ele fundiu positivismo e voluntarismo, combinando à fusão um código extremamente rígido e limitado. Esse matrimônio artificial é uma decorrência do caráter mesmo do movimento. Subsistia o fator do isolamento, que se tomara até mesmo mais relevante do que na época da Segunda Internacional. E as possibilidades de uma práxis real no interior do movimento se tornaram ainda mais reduzidas. Tudo isso, porém, misturava-se a um ativismo coletivo no qual não existia mais espaço para a espontaneidade, a margem para a atividade individual era mínima e o conteúdo das ações individuais era determinado pelo código moral a que já nos referimos.

Como já dissemos, a necessidade de uma moral reaparece no primeiro quartel do nosso século. Semelhante necessidade se manifestou não só em decorrência da revolução, mas também por força da crise da social-democracia. Tornara-se possível, então, escolher entre dois tipos de movimento, entre dois ou mais caminhos. Não é casual que, em condições bastante diversas e de maneiras diferentes, Lênin e Jaurès, que não queriam isolar o mundo operário dos problemas e conflitos do conjunto da sociedade, tenham percebido claramente essa necessidade. No *Que fazer?* Lênin recoloca programaticamente a categoria de "práxis" em seu justo lugar, enquanto reavalia positivamente, de outro lado, o papel das alternativas, como também o papel de *todos e cada um* dos indivíduos na formação, na realização e concretização das alternativas.

Não podemos analisar aqui a explicitação histórica dessas posições: limitamo-nos a constatar que, apesar de tudo, a elaboração de uma ética marxista não representou, naquela ocasião, um problema que pudesse ser efetivamente enfrentado. É verdade que, juntamente com as questões da práxis e das alternativas, surgiram outros problemas teóricos: a função social e ética da violência as contradições éticas entre a espontaneidade e a consciência, as relações com as tradições morais, a determinação dos valores com base nos quais cabe transformar a sociedade; a concreta aplicação da tese marxiana sobre Feuerbach que analisa o dilema entre o "educador" e o "educando" (tese segundo a qual a sociedade é sempre transformada pelos homens que nela vivem e, portanto, ainda que não necessariamente, está sempre exposta à possibilidade de deformações). Em todas essas questões transparece a noção de que uma reorganização da sociedade capaz de humanizar a vida não depende de uma única ação revolucionária drástica e sim de uma revolução permanente. Apesar disso, as teorias que chegaram a se elaborar no trato com essas questões, naquele então, nunca chegaram a constituir um todo orgânico, ou só o constituíram transitoriamente. Isso não ocorreu porque "ainda não era a época própria", pois a época é sempre própria quando se trata de dar resposta a uma exigência que se acha na ordem do dia: na realidade, não ocorreu porque a exigência ainda não se achava na ordem do dia.

Atualmente são numerosos os pensadores que, como Marcuse, encaram as revoluções da primeira parte do nosso século como "revolução da fome". Conquistar o poder, fazer desaparecer a miséria e a opressão e reorganizar a economia eram, de fato, as exigências que estavam na ordem do dia. Os problemas éticos se colocam apenas como problemas marginais, como elementos contidos nos objetivos supraindicados e, em seguida, como valores que caracterizam o tipo de cada perspectiva (e, portanto, como todos os valores, vistos como motivadores das ações).

A situação atual é completamente diversa. Em primeiro lugar, as tragédias e os horrores do passado mostraram o que pode acontecer quando a moral, a escala dos valores morais, desaparece da esfera da política e é separada do esforço de humanização, o que pode acontecer quando a iniciativa individual desaparece em todos os níveis e a responsabilidade individual deixa de existir. Além disso, as sociedades eminentemente "manipuladas" da América e da Europa, que asseguram a todos um crescente, embora relativo, bem-estar material, colocam em termos novos o problema do *Que fazer?* A libertação ou descartamento da miséria passa a ter apenas uma função que agora já passa a ser secundária e logo será até mesmo terciária. Já não se trata mais de criar as condições elementares para a vida humana e depois chegar a uma vida verdadeiramente humana: o nosso objetivo imediato é, desde logo, chegar efetivamente a esta última. A consciência do direito a uma vida verdadeiramente humana está presente nos homens, potencialmente, da mesma maneira como a consciência do direito à satisfação das necessidades mais primárias se achava presente nos homens na época das "revoluções da fome". Lassalle ainda falava da "maldita falta de exigências" dos operários. No século XX, os operários já superaram isso, o problema que se coloca é o das exigências relativas à humanização da vida em geral. É a luz dessas novas exigências que a consciência de classe deve propor as iniciativas capazes de transformá-la numa força apta para mudar o mundo (e, para tal fim, cabe à consciência de classe *estimular* essas exigências e *corresponder* a elas). Desenvolver e formular a nova reivindicação é mais difícil do que foi, no passado, desenvolver e formular a luta do movimento operário. Por isso mesmo, a ética – se conseguir efetivamente assumi--lo – deverá desempenhar um papel decisivo. O elemento ético, de fato, não existe apenas de maneira implícita: a consciência da nova exigência significa ao mesmo tempo a consciência dos valores e da orientação ética em que se há de basear a criação da nova realidade. Marx disse que, transformando o mundo, os homens se transformam a si mesmos. Não modificaremos substancialmente o seu pensamento se alterarmos a sua frase e afirmarmos agora que não podemos transformar o mundo se, ao mesmo tempo, não nos transformarmos nós mesmos.

Voltamos, então, a um dos princípios que havíamos enunciado no início dessas nossas considerações: a ética tem seu *lugar* na concepção de Marx. Procuraremos precisar ainda, em breves traços, qual é esse lugar e o que é que o caracteriza.

Todos sabem que Marx interpreta a sociedade como práxis, como unidade de ser e consciência, uma unidade em cujo quadro os limites mais gerais das possibilidades da ação humana são determinados pelo grau de assenhoreamento da natureza, pelo avanço cuja contrapartida é o "retrospecto dos limites naturais". A humanidade se produz a si mesma a partir de um mundo que já existia antes dela. A história da humanidade é a história do nascimento e do desenvolvimento da liberdade: os homens se libertam cada vez mais da fatalidade natural e, no entanto, nunca chegam a suprimi-la. Marx nos dá portanto uma dedução consequente da ideia da *imanência*. As motivações da humanidade são, de fato, sempre imanentes, mas os homens não têm consciência disso (ou, pelo menos, não têm plenamente). A *consciência da liberdade*, para a humanidade e para os indivíduos, desenvolve-se na medida em que os homens compreendem semelhante imanência, a alternativa e o poder que nascem dela. É aqui que podemos discernir os contornos gerais da ética de Marx. *A moral é sempre imanente, porém, a humanidade – enquanto humanidade livre – só pode se elevar à autoconsciência à base da imanência moral,* o que significa – convém repetir – a tomada de consciência do caráter terreno da vida e da contínua autocriação humana. A meu ver, essa é a contraposição *de princípio existente entre* a ética de Marx e todas as éticas religiosas, independentemente do fato de que ambas as espécies de ética podem chegar a resultados completamente diversos, ou semelhantes, ou até idênticos, na apreciação de determinados valores.

Como dissemos, para Marx o grau de "retrocesso dos limites naturais" (resultante de finalidades humanas) indica as possibilidades colocadas em cada época e para cada grupo, o âmbito do movimento da humanidade, e, no interior desse movimento, as integrações, as ações, das classes, as camadas sociais e os indivíduos. Mas existem sempre alternativas, e o resultado só aparece depois de uma escolha entre as inumeráveis alternativas. Em nossa opinião, a *autonomia relativa* da atividade humana constitui o segundo ponto de partida da ética marxista.

Essa autonomia relativa significa duas coisas para o indivíduo: por um lado, ela lhe oferece a possibilidade dele criar seu próprio destino e promover, mediata ou imediatamente, sua integração e a de toda a humanidade; por outro lado, ela lhe dá a possibilidade de levar em conta tudo aquilo que é necessário e cobra dele o esforço no sentido de encarar os fatos tais como eles são, reconhecimento sem o qual todo comportamento ativo degenera em moralismo abstrato ou sonho estéril. As atitudes de Prometeu ou de Epicuro representam, para Marx, juntas, a tomada de posição correta diante dessas alternativas.

Para Marx, a moral é a relação existente entre o indivíduo, sua circunstância e suas possibilidades concretas. Por isso, ele criticou implacavelmente os que pretendiam descrever as circunstâncias com a terminologia da moral e protestou energicamente contra os que identificavam o conceito de "capitalista" com o de "mau" e o conceito de "operário" com o de "bom", repelindo ainda toda e qualquer tentativa de caracterizar a sociedade do futuro através de noções morais. Marx considerava desprovida de sentido a crença na onipotência da "educação moral". Isso não significa que ele negasse a existência dos *valores* e até da *acumulação dos valores*; só que não considerava os valores sociais, antropológicos, acumulados como sendo por si mesmos valores morais, entendendo-os como valores mais amplos ou mais limitados do que aqueles que se realizam no âmbito dos costumes (e, de qualquer modo, como valores de outro tipo). No que concerne a tais valores, a moral se manifesta pela escolha ou pela rejeição do desenvolvimento da essência humana: na perseverança, nas formas da busca dos fins almejados etc. Somente à base dessa concepção é que pôde nascer a caracterização do "revolucionário prematuro" (tal como ela se acha nas cartas sobre o drama *Franz von Sickingen,* de Lassale), tipo no qual a grandeza humana da ação não fica indicada pela pura motivação, nem pelas consequências, e sim pelo fato do herói assumir a defesa de uma causa, torna-se responsável por ela, e essa causa representar valores humanos e sociais que o próprio herói não pode realizar nas condições dadas e que, no entanto, são valores inseridos na perspectiva do desenvolvimento efetivo da humanidade.

Do que dissemos, conclui-se que para Marx a *moral não pertence a qualquer esfera particular.* Quase todas as ações humanas têm um conteúdo moral, mas não há nenhuma natureza puramente ética. A moral indica a *relação objetiva* do indivíduo com a sua espécie, a sua pertinência ao gênero humano (relação dos valores), o nível em que expressa essa relação (em que medida o indivíduo tem consciência de sua pertinência ao gênero, em que medida sua personalidade particular se combina com essa pertinência e em que medida a universalidade do gênero chega a constituir a fundamentação ética das suas ações). É no plano moral que se manifesta igualmente a *sabedoria da vida* no indivíduo: em que medida ele reconhece os conflitos entre os valores, em que medida é capaz de avaliar e escolher diante das circunstâncias, "aplicando" seus princípios sem se submeter passivamente à situação. E é no plano moral, por fim, que se manifesta a força, a resistência e a solidez do *caráter*.

Como em outros campos, também no da moral Marx discerne o fenômeno da *alienação*. Quando a moral se apresenta como uma esfera autônoma, trata-se de uma *moral alienada*: suas exigências se opõem rigidamente às particularidades da vida individual e a moral esmaga o indivíduo, mesmo nos casos em que este se submete voluntariamente, tal como o esmagam a Justiça e o Estado (pense-se na análise de Fleur de Marie, na *Sagrada Família*). Mas a moral também se acha alienada quando – e na medida em que – os interesses de uma entidade e especialmente de uma classe tornam-se um postulado moral "natural" para os indivíduos que a integram. O movimento comunista deve levar à supressão de semelhante determinismo de classe: cabe-lhe conseguir que a motivação das escolhas morais se destaque cada vez mais de suas derivações dos interesses de um determinado estrato social para vincular-se cada vez mais diretamente à humanidade como um todo, à essência do gênero humano. O fortalecimento dessa essência genérica do homem e a efetiva humanização global da vida acarretam ao mesmo tempo a superação da alienação moral: a conquista de um âmbito de movimento individual cada vez mais amplo, no qual a decisão ética concreta vai poder substituir em geral, para todos, a vigência de princípios de moral abstrata, o automatismo dos costumes.

Depois de ter sustentado em linhas gerais a existência de um lugar para a ética no sistema do marxismo e de ter procurado caracterizar rapidamente qual é esse lugar, devo explicar ainda uma coisa: por que falei de uma ética dos movimentos socialistas e não somente de uma ética marxista? Por que essa ética não poderia ser elaborada a partir da doutrina filosófica de Marx? Por que um "especialista" no estudo do pensamento de Marx (um "marxólogo") não poderia elaborá-la?

Todo filósofo deve viver seus pensamentos; as ideias que não forem *vividas* não são efetivamente filosóficas. Semelhante princípio prevalece com especial vigor no caso da ética, e ainda mais particularmente no caso da ética marxista. A ética marxista é uma práxis, não pode existir sem uma realização prática sem se realizar na prática de

172 | AGNES HELLER

algum modo. Mesmo elaborada com base nos princípios teóricos de Marx, uma ética que se limite a contrapor-se passivamente ao atual mundo manipulado não passará de uma nova expressão, contemporânea, da "consciência infeliz". A ética marxista só pode ser a tomada de consciência do movimento que se humaniza a si mesmo e humaniza a humanidade. Por isso, a ética marxista não depende só da compreensão e da aplicação correta dos textos de Marx: ela depende muito mais *do desenvolvimento do movimento que a adote como moral.* Os que hoje tentam elaborar uma ética marxista e querem explorar essa "terra desconhecida" da qual falamos só podem ter uma perspectiva: um reencontro do movimento revolucionário, de seus homens, de suas massas (da atividade que humaniza e transforma o mundo), com a teoria de Marx. A "maldita falta de exigências" das novas condições tornou necessária a ética marxista, porém, a fecunda ética de Marx só pode avançar com a diminuição e a superação dessa "falta de exigências".

Eis-nos portanto de volta à nossa afirmação inicial. Indicamos *quando* um movimento pode elaborar uma ética: pode fazê-lo no momento em que se considera absoluto, desaparece a espontaneidade da sua consciência, aumenta o âmbito da atividade individual no seio da comunidade e ele passa a ter consciência de si mesmo, autocrítica. Mesmo se esses elementos se acham total ou parcialmente em falta, o movimento pode se desenvolver, desperta entusiasmo, exercer uma crescente influência sobre as massas (como ocorreu na história dos movimentos marxistas na época da Segunda Internacional). No mundo atual, contudo, um movimento capaz de transformar o mundo num sentido marxista não pode se realizar se esses fatores estiverem ausentes. Para a ética – e também para a ética marxista – prevalece aquilo que vale para todos os postulados do movimento comunista, entendido no sentido de Marx.

Este livro foi composto na tipologia Dante MT Std, em corpo 12/15, e impresso em papel off-white no Sistema Digital Instant Duplex da Divisão Gráfica da Distribuidora Record.